HS 7244

LORRAINE LETOURNEL LALOUE

HS 7244

belfond

Belfond | un département **place des éditeurs**

place
des
éditeurs

À mon père, qui, je l'espère,
l'aurait lu, avec fierté.
À ma maman, qui m'a toujours
soutenue et poussée à lire encore et encore.
À mon mari et mes deux princesses
qui me donnent l'énergie au quotidien.
À mes amis, les vrais… Ils se reconnaîtront.

L'histoire de ce livre est inspirée de faits réels.

« Que c'est dur le vrai, que c'est cruel
ce qu'aucun mot ne sait nommer. »

Xavier-Marie Bonnot,
Le Tombeau d'Apollinaire

CHAPITRE 1

J'ouvre péniblement les yeux. Une douleur fulgurante envahit mon crâne, je porte les mains à cette blessure qui électrise mon cerveau et je sens un liquide chaud les recouvrir. Du sang. J'ai peur. Je me demande l'heure qu'il peut être, je cherche mon portable, mes poches sont vides, je n'ai même plus mon portefeuille. J'observe autour de moi, la pièce n'est guère plus grande qu'une chambre d'hôtel miteux, je découvre une couchette de fortune, les murs sont gris de crasse, des insectes en tout genre se baladent au sol et l'odeur qui emplit cet endroit est ignoble. Des relents d'urines et d'excréments qui semblent sortir tout droit d'un seau posé dans un coin de la cellule me donnent la nausée.

Mon cœur s'emballe. J'essaie de me souvenir. Je suis en vacances avec Camille en Russie, pour un circuit à travers le pays. Camille, c'est « ma moitié » et « ma moitié », elle déteste son prénom par-dessus tout, alors je lui ai trouvé ce petit surnom un peu stupide, surtout aux yeux de nos potes et de notre entourage… MERDE ! Où est Camille, bordel ? Je crie son nom mais seul le silence me répond et rebondit sur les murs de ma cellule. Je continue de forcer ma mémoire à me décrire mes derniers souvenirs. Nous étions à Moscou et le guide qui nous suivait nous a proposé un petit périple de trois jours à Grozny et ses environs. Il nous avait assuré que Grozny était sécurisée, la preuve, elle avait été élue ville la plus sûre de Russie l'an passé. Nous avions prévu des visites de musées, de galeries d'art et même un bivouac, la veille de notre retour, avec une traversée de forêts et de montagnes. Le guide nous avait promis un moment inoubliable avec la visite de la sublime réserve naturelle d'Argounski dans le sud de la région. Je me souviens encore de notre excitation sur le vol direct Moscou-Grozny. La veille du départ pour le bivouac, nous devions dormir dans un hôtel de la capitale. Le guide nous avait conseillé d'économiser nos forces pour les deux jours de randonnée qui nous attendaient. Mais nous avons malgré tout voulu nous balader un peu et sommes entrés dans un bar. Je me souviens d'avoir bu, un peu plus que de raison… de la vodka, bien sûr. Il y a des rires autour de moi, et ce couple que l'on a rencontré lors de cette sortie impromptue, le mari est français, comme nous. Nous sommes surpris d'en croiser un dans ce trou perdu, expatrié depuis de nombreuses années, il nous raconte avec nostalgie ses multiples souvenirs dans la capitale. Et c'est le trou noir. Plus rien.

On doit me jouer une vilaine farce… J'appelle à l'aide, j'implore de faire cesser la plaisanterie et de me sortir de là, je me maudis de ne pas me souvenir du nom du guide. Je me dis qu'il pourrait peut-être nous sortir de là. Au bout de quelques minutes, j'entends le bruit d'une barre de fer qu'on frappe contre la porte.

Une voix grave et autoritaire hurle avec un accent de l'Est très prononcé :

— Toi, TE TAIRE !

— Qui êtes-vous ? Je suis où, d'abord, merde ! Je suis blessé, et où est Camille ?

J'entends des clefs tourner dans la serrure, et je n'ai le temps de penser à rien, de ne rien espérer, de ne rien voir venir. Une silhouette massive entre dans la pièce, sa musculature est impressionnante, une longue barbe masque en partie les traits de son visage carré et son crâne est rasé.

Ses mains larges comme des battoirs me saisissent par le cou, me soulèvent du sol et me cognent contre le mur, ce qui amplifie la douleur, déjà lancinante, dans ma tête. Ses doigts enserrent ma gorge et je cherche ma respiration, je me sens suffoquer et me débats comme je peux. Il me beugle des phrases que je ne comprends pas. J'essaie de le repousser avec mes mains couvertes de mon propre sang. Mais l'homme a le dessus, je n'ai aucune chance de le dominer. Il me fixe avec haine, m'ordonne de me taire, me lâche sans délicatesse et me crache au visage avant de jeter un tas de vêtements à mes pieds. Il me fait comprendre que je dois les enfiler, me séparer de ce que je porte, et il attend.

Je tousse en essayant de retrouver un semblant de souffle, de reprendre mes esprits. Il me faut me déshabiller devant lui, je tremble, la température est si basse. J'ôte alors mon jean Levi's, mon cadeau de la dernière Saint-Valentin, pour commencer, puis mon sweat et mon tee shirt, mes mouvements sont hésitants, ma blessure à la tête me gênc tellement que tout se passe au ralenti pour moi. L'individu s'impatiente, il se met à taper du pied. J'accélère le mouvement, autant que possible. Je suis en caleçon et me baisse pour prendre mes nouveaux habits, rêches, puants, recouverts de crasse et de sang séché. Je les rejette avec dégoût, je veux demander des explications à celui qui attend toujours devant moi. Mais son air de mépris m'en dissuade.

Au moment où je commence à enfiler le pantalon, l'homme secoue la tête de droite à gauche et me montre mon caleçon, je dois le retirer aussi. Il paraît fier de ce qu'il entreprend, de l'état de déchéance dans lequel il me plonge. Je suis complètement nu dans cette pièce glaciale. Il s'amuse de mon embarras. Je suis tellement pudique d'habitude. Faut dire que je ne suis pas très musclé comme mec, ce qui m'a valu toutes les moqueries possibles et imaginables durant une bonne partie de ma vie. Je me presse d'enfiler ce nouvel uniforme répugnant. Il a dû être blanc, dans une autre vie. Blanc avec des rayures noires, comme les tenues de bagnards.

J'ai l'impression qu'on me déguise… Je déteste être déguisé, j'ai toujours détesté ça ! Comme la fois où Camille et moi, nous nous sommes rencontrés. C'était une soirée « années 80 », musique disco, boule à facettes et tout ce qui va avec. Aucun de nous deux ne se sentait bien dans ses vêtements de clown *has been*, tu parles d'un thème kitsch. C'est bien pour cela que nos regards se sont croisés, nous avons commencé naturellement par discuter pour ensuite finir par nous embrasser.

Je suis vite ramené à la réalité par le vigile qui est face à moi et qui tape du bout de son doigt sur le côté gauche de ma poitrine. Je vérifie instinctivement ce qu'il désigne et je vois des lettres suivies de chiffres. HS 7244. L'homme pose son index dessus, une fois de plus, et me dit :

— Toi, toi être ça.

Je le fixe, interdit, et le vois me tourner le dos en riant aussi fort qu'il peut. J'analyse tout autour de moi et revendique, entre deux sanglots, plus pour moi-même que par esprit de contradiction :

— Je suis Marius, Marius… Pas une série de numéros, ni un matricule. C'est une erreur… Je ne suis coupable de rien.

Puis, dans un chuchotement, un monologue suppliant, je poursuis ma litanie.

— J'étais en vacances, en Russie, pour un séjour qu'on a gagné sur un site de voyage. Il devait être magique et il se transforme en enfer... J'étais avec Camille... Mon amour, où es-tu ?

CHAPITRE 2

Je suis recroquevillé dans un coin de la pièce, celui à l'opposé du seau dans lequel je suis censé me soulager, là où un mince filet de lumière me relie à l'extérieur. L'odeur de mes nouveaux vêtements me donne des haut-le-cœur, et des dizaines de questions s'amassent dans ma tête meurtrie. Où suis-je ? De quoi m'accuse-t-on ? Qui est ce mec venu me martyriser gratuitement ? Mais surtout, où est Camille ?

Le bruit d'une petite fenêtre qui s'ouvre tout à coup interrompt le fil de mes pensées. C'est un genre de lucarne, au centre de la grande porte de métal qui clôt ma cellule. Un bras, dont j'aperçois la manche du même tissu de bagnard que le mien, me tend mon repas. Je me précipite dessus. C'est un simple morceau de pain rassis et un verre d'eau à la couleur douteuse. Mon estomac se retourne, mais il crie aussi famine depuis déjà plusieurs heures et je m'empresse de porter ce quignon à ma bouche. Ma soif aussi, qui me semble inextinguible, me pousse à ingurgiter en toute hâte ce liquide, même si la couleur est repoussante et que son parfum est répugnant. En moins de deux minutes, le plateau est face à moi, vide. La dérisoire ouverture, elle, s'est refermée aussi vite qu'elle s'est ouverte.

Soudain, une alarme retentit et la porte de ma cellule coulisse, j'hésite à me lever pour voir ce qui se passe à l'extérieur. L'homme au crâne rasé frappe sa matraque contre sa main, puis se caresse la barbe en me fixant. Il me désigne avec son arme, avant de me signifier d'un mouvement de tête de sortir. J'avance alors, pas à pas, et lui demande en boucle où il m'emmène. Je n'ai droit à aucune réponse.

Un individu d'une maigreur morbide s'avance vers moi, sous la surveillance d'un autre bourreau de ce taudis. Il porte les mêmes vêtements que les miens. Il ne me considère pas, il fixe ses pieds comme un animal pris au piège. Au moment où nos chemins se croisent, il me dit, ou plutôt me chuchote, en voyant mon état d'incompréhension, que je dois aller à la douche avant de rejoindre ma cellule, sans discuter, en suivant parfaitement leurs directives… Il est aussitôt frappé brutalement dans le dos par l'homme qui le suit et qui a surpris notre court échange. Je suis étonné de constater que quelqu'un parle français dans cette prison inconnue. Mais il me dit très distinctement que je ne dois prononcer aucun mot, simplement écouter et obéir.

Une salle, blanche, d'un vieux blanc, crasseux, une fois de plus. Du carrelage sur le sol et les murs. Je remarque dans un coin de la pièce un carreau de faïence ébréché, et il y a des fissures au plafond, qui menace de s'effondrer à tout moment. On me bouscule pour que j'avance au fond de ce bouge et je tombe durement. Je ne vois pas de pommeau de douche, la salle de bains doit être dans une pièce adjacente… L'homme me mime de me dévêtir et je comprends que je dois vite obéir. Je me dépêche alors et repose mes haillons avec précipitation. Je suis nu, à nouveau, et je me sens vulnérable.

Le garde me hurle quelque chose, mais je ne comprends pas et je ne peux donc pas obéir comme le prisonnier que j'ai croisé me l'a conseillé. Une main me saisit par les cheveux, m'oblige à me mettre à genoux et à pencher ma tête en arrière. J'entends alors le bruit caractéristique d'une tondeuse : mes cheveux vont être rasés. La panique me foudroie le cœur, je ne capte plus rien. Mes si beaux cheveux, ceux que Camille adorait toucher et tourner entre ses longs doigts manucurés ! On me tond avec brutalité. Je hurle au moment où la machine passe sur ma blessure, la douleur est atroce, insoutenable. J'ai l'impression qu'on me creuse le crâne sans anesthésie, d'être l'acteur d'un de ces films d'horreur qui me font flipper tant les protagonistes interprètent si bien la souffrance. Je vois les mèches tomber les unes après les autres sur le sol en faïence au rythme des sanglots qui me saisissent. Les images atroces de cet endroit vont, je le sais, marquer mon esprit à jamais…

Quelqu'un m'attrape par le bras et me pousse derrière une autre porte. Sans que je puisse effectuer le moindre mouvement, je me retrouve enfermé et c'est le jet puissant d'une lance à incendie, fixée au mur, qui est projeté sur moi. Le jet est glacial, cinglant, et il me fouette l'épiderme. Il est si fort que je tombe subitement, me recroqueville en boule, protège mon visage et hurle, supplie que tout s'arrête. Mais rien n'atteint celui qui contrôle cet engin, rien ne peut l'obliger à arrêter son geste. En tout cas, pas mes cris, mes larmes ni mes suppliques. Quand le cauchemar semble avoir pris fin, je rampe jusqu'à la porte, je me précipite dessus et en actionne la poignée. Mais la porte est fermée, je dois attendre de longues minutes avant qu'un *clac* ne retentisse et que je puisse enfin sortir. Une fois au-dehors, je scrute mon corps, ma peau est rougie, on y voit les marques, presque des lacérations, tant la violence de la « douche » a violenté mon corps. Je souffre, je peine à me redresser et je relève la tête vers le tas de vêtements que j'ai déposé à l'arrivée. Des gouttes d'eau ruissellent encore le long de ma peau, je cherche une serviette, un peignoir dans lequel m'emmitoufler pour un court moment de réconfort. Mes cheveux ont été balayés. Rien n'a changé, rien, mis à part cette mince pochette cartonnée posée à côté de mes vêtements crasseux et cette paire de sabots. Moi qui déteste être pieds nus, je la regarde presque comme un cadeau. Je me rhabille en hâte, car l'atmosphère est toujours aussi glaciale, je me chausse, et je prends le dossier. Je ne comprends rien. Ce n'est pas écrit en français mais en russe. Plus je continue de feuilleter les pages de mon dossier, plus je sens le stress m'envahir. Mon esprit s'apaise un peu quand j'aperçois – enfin – des notes manuscrites en français cette fois. La traduction est la bienvenue.

SUJET : HS 7244

Sur le côté gauche de ma poitrine, les lettres et les chiffres sont identiques… La panique s'empare de moi.

Prénom de naissance : Marius
Nom de naissance : Canon
Date de naissance : 29 décembre 1981
Pays d'origine : France

RÉSISTANCE À LA DOUCHE : médiocre, le sujet a pleuré et nous a implorés d'arrêter le lavage. Il doit rencontrer le médecin afin de déterminer la résistance de sa peau.
RÉSISTANCE AUX VIRUS : à déterminer.
RÉSISTANCE AUX COUPURES : à déterminer.

Je continue de parcourir ce qui semble être une liste de sévices. Une peur épouvantable m'envahit alors et je ne peux pas lire une ligne de plus. Je viens d'être parachuté dans l'antichambre de l'enfer, dans un laboratoire morbide. Je ne comprends pas pourquoi je suis ici, ni pourquoi je subis tout ça, pourquoi on m'humilie. Le ciel me tombe sur la tête, tout tourne autour de moi, comme dans un manège à sensations. Hagard, je laisse tomber les feuilles à mes pieds. Je sens une main qui m'agrippe par le col et me traîne avec dureté. Pris d'une peur inqualifiable, je me pisse dessus avant de perdre connaissance tout en espérant ne pas avoir à repasser à la douche.

CHAPITRE 3

C'est un seau d'eau glacée qui me sort de mon doux sommeil, me frappe avec vigueur et me gèle le corps. Oui, après ce que je viens de vivre, de subir, cette effroyable douche, j'ai réussi à rêver. Le cauchemar dans lequel je suis plongé depuis quelques heures ne m'a pas empêché de m'évader par l'esprit. Ma moitié ? Bien sûr qu'elle y était, dans ce rêve… Nous étions dans une chambre de palace et ses mains caressaient ma peau. Ses doigts jouaient, s'entortillaient dans les poils qui recouvrent mes maigres pectoraux. Son corps contre le mien. Ses yeux, d'un bleu océan, encadrés de ses cheveux roux, me fixaient avec amour. Puis ses lèvres se sont posées sur les miennes, et commençaient à embraser chaque partie de mon être. Je percevais la chaleur de son souffle, régulier, rassurant. Rien ne pourra m'enlever ces instants d'accalmie, ils sont mon échappatoire. Je dois absolument me raccrocher à quelque chose, pour tenir bon en attendant d'être relâché. Une claque violente, sur ma joue gauche, me ramène sur terre. Toujours le même homme, celui au crâne rasé et à la barbe. Il me soulève avec haine, et m'ordonne de le suivre.

— Va ! Docteur !

Une exaltation m'envahit. L'heure de la délivrance, j'en suis certain. Un médecin, ça aide les gens blessés, non ?! Je me lève, plein d'une surprenante euphorie au vu des tourments qu'on m'a infligés ces dernières heures. Mais celui que j'ai décidé de nommer « le fumier », l'homme au crâne rasé, me passe autour du cou un collier de chien, avec une laisse pour me balader. Je me sens rabaissé, plus bas que terre. J'aimerais presque me sentir comme un animal mais je ne suis rien. Même pas un chien... Pas d'identité. Quatre chiffres et deux lettres. Un collier et une laisse. Avant de passer le seuil de ma cellule, le garde me rappelle d'un geste de ne pas oublier mon dossier. Si je vais voir le docteur avec ces documents, est-ce que ça veut dire que ce toubib est complice ? Que c'est lui qui a défini les points « à déterminer » inscrits sous mon nom ? Je recule en secouant la tête. Un coup de matraque s'abat sur mes côtes. Je tombe lourdement, de tout mon long, impuissant, en hurlant ma douleur. Mon bourreau me martèle, me bourre de coups de pied. À chaque nouvel impact, mes rugissements se transforment en plainte de supplicié puis en une complainte à peine audible. Quand il a fini de déverser sa haine contre moi, il s'essuie le front et tire sur ma laisse. L'odeur de cuir a disparu mais ce fumier a serré au maximum le collier qui entoure mon cou et je me sens suffoquer. Il m'emmène jusque dans une salle pleine de matériel médical. Je vois des placards aux portes vitrifiées, des pinces, des kits de suture, des compresses, des scalpels, mais aussi des forceps, comme des écarteurs. Des caisses remplies de médicaments jonchent le carrelage, une corbeille en aluminium dont des compresses ensanglantées dépassent. J'ai à peine le temps de retrouver une respiration régulière que l'on m'allonge sur une table d'examen en cuir noir, comme celle de mon généraliste.

Une lumière blanche au-dessus de ma tête, éblouissante, aveuglante. Une femme d'une quarantaine d'années, à la stature carrée, imposante, les cheveux châtains, un teint très clair et les yeux noirs, s'approche de moi. Elle est vêtue d'une tenue d'infirmière mais n'a pas l'ombre d'un comportement bienveillant. Ses traits sont durs, figés, et ses yeux sombres me fusillent sur place. Elle porte des gants et dispose des ustensiles sur un petit plateau métallique. Je crois même percevoir de la répugnance au moment où un contact physique s'établit entre nous, comme si j'étais un pestiféré contagieux, porteur du mal qui allait décimer la population mondiale. Je suis encore sous le choc des coups reçus quelques minutes auparavant et je ne résiste pas quand elle noue des liens autour de mes poignets et de mes chevilles. Puis le silence, oppressant, s'installe dans la pièce. Tout est si mystérieux. Une porte s'ouvre, je tourne la tête et j'aperçois furtivement un brancard sur lequel repose ce qui ressemble à une silhouette humaine. C'est ce que j'imagine, tout du moins, car ce corps est recouvert d'un drap blanc, comme les défunts dans les films. Je peux juste distinguer une jambe qui pend en dehors de son cercueil de tissu. Il est vêtu du même costume de bagnard que le mien. Je me débats, cherche à rompre les liens qui me condamnent à être une victime, un cobaye. Mais je parviens tout juste à ébranler la table, qui est scellée par terre. Et c'est la lumière qui est projetée, à nouveau, qui me brûle la rétine et qui m'empêche de voir l'homme qui vient de pénétrer dans la pièce. L'infirmière s'adresse à lui dans une langue que je ne comprends pas. L'homme en blouse blanche lui répond brièvement, la remercie d'un signe de tête, enfile ses gants, son masque chirurgical et se tourne vers moi.

— Eh bien, on m'a rapporté que tu as voulu tenir tête à Kerim…

Il actionne le bouton rouge d'un dictaphone avant de poursuivre.

— HS 7244 de type masculin est en place. Je dois aujourd'hui constater la réaction de son épiderme face aux coups perçus. Certaines ecchymoses sont déjà bien visibles. Kerim a fait attention à ce qu'elles soient nombreuses, dit-il avec un petit sourire sarcastique.

Seigneur ! Cette voix, je la connais. Et ses yeux sous son masque… Des yeux comme les siens ne s'oublient pas. J'ai passé une soirée entière à rire et à boire avec ce compagnon. Julien, c'est son prénom. Cet énergumène avec qui nous avons sympathisé, Camille et moi, lors de cette virée en dehors de l'hôtel.

— Oh, Dieu merci. Julien, tu me reconnais, non ? Je suis Marius. Hier soir, nous étions ensemble, à boire de la vodka comme des ados, tu te souviens ? Je ne sais pas comment je suis arrivé ici et je ne sais pas où est Camille… Tu sais quelque chose ?

— FERME-LA ! dit-il en me giflant violemment. Tu la fermes et tu ne parles pas si tu n'en as pas eu l'autorisation.

Je ne peux rien répondre, juste me concentrer sur lui et le voir rire de ma stupéfaction.

CHAPITRE 4

Enfant, Julien Homes prenait un malin plaisir à mener des expériences sur les animaux qui l'entouraient. Une araignée pouvait-elle se déplacer avec seulement trois pattes ? Saignerait-elle quand il les lui arracherait ? Que trouverait-il sous la coquille d'un escargot ? Il se souvient de la colère de son père le jour où il avait voulu couper les moustaches de Macaron, le chat de la famille, pour voir s'il serait plus joli – version officielle bien sûr… En réalité, il voulait savoir comment réagirait le métabolisme de l'animal. Plus tard, il s'était amusé à jeter la bête innocente du haut d'un arbre en lui nouant les pattes. La pauvre avait bien entendu succombé à ses blessures, et sa petite sœur, Constance, avait tellement pleuré que Julien avait été puni pendant deux jours dans le cabanon du fond du jardin, une punition qui l'avait marqué pour de nombreuses années. Beaucoup plus tard, pendant ses études de médecine, il avait tout mis en œuvre pour être le meilleur, pour tenter de gagner la reconnaissance éternelle de ce géniteur qui ne l'avait jamais compris. Il eut vite envie de faire des tests sur les patients décédés qui avaient choisi d'offrir leur corps à la science : pour se perfectionner. Un soir, alors que tous les étudiants étaient dans une de leurs soirées de débauche mêlant sexe et alcool, le futur praticien, qui était sur le point de terminer sa dernière année d'études et de passer son diplôme, s'était introduit dans la salle où les dépouilles attendaient d'être disséquées. Il s'était mis à chanter une petite comptine que sa mère fredonnait souvent :

— Am, stram, gram… Pic et pic… Et colégram… Bour et bour et rata… TAM !

Son index avait désigné un tiroir, celui de gauche. Il l'avait tiré et le froid destiné à assurer la conservation du corps lui avait donné la chair de poule. Était-ce réellement à cause de la température ? N'était-ce pas l'excitation à l'idée de ce qu'il était venu entreprendre ? Le cadavre était celui d'une jeune femme aux longs cheveux bruns et à la peau lisse, elle devait avoir trente ans. Il réfléchissait à la première chose, hors du commun, qu'il pourrait expérimenter sur la dépouille. Il avait commencé par prendre un bistouri et avait pratiqué une entaille près de son oreille gauche, il voulait voir à quoi ressemblerait cette jeune femme s'il s'amusait à échanger la place de ses deux organes. Alors que Homes terminait la suture de la dernière oreille de cette pauvre femme, le professeur Cram était apparu dans la salle et était resté tétanisé face à ce que son étudiant était en train de pratiquer. Il avait déjà remarqué les questions parfois déroutantes de ce jeune homme lors de ses cours d'anatomie. Mais ce soir-là, il avait dû lui ordonner de reposer ses outils et de le suivre dans le bureau du doyen de la faculté.

Homes avait été congédié sur-le-champ et toute chance de devenir la fierté de son père s'était évanouie, d'un claquement de doigts, d'un coup de bistouri. Tout ça pour rien. L'espoir de passer son doctorat s'était éteint également. Ou tout du moins en France. Il avait dû fuir son pays de naissance pour espérer exercer la médecine moderne. Voilà comment il s'était retrouvé ici, dans une des Républiques constitutives de la Fédération de Russie.

Il n'avait pas réussi à trouver un poste de médecin au sein d'un hôpital réputé. Alors il avait choisi de traîner dans le fin fond du pays, dans tous les petits cabinets. Il savait, au fond de lui, qu'il était fait pour ça. Que la science c'était son « truc » à lui, il n'avait envie de rien d'autre. Il le répétait inlassablement à qui voulait bien l'entendre. Il savait qu'il finirait par trouver une personne qui reconnaîtrait son talent. Après des semaines et des semaines de candidatures à arpenter le pays tout entier, il avait fini par rencontrer un médecin qui acceptait de tout pratiquer, absolument tout. Homes fut, dans un premier temps, son assistant au sein d'un vaste réseau où les femmes adultères étaient abandonnées par leur mari. Il avait testé les pires expériences sans succès mais sa technique particulièrement précise et remarquable avait interpellé sa hiérarchie qui lui avait promis un bel avenir dans leur réseau de trafics scientifiques en tout genre. Il s'était donné corps et âme à ce réseau mais aussi à ce pays. Il avait grimpé les échelons petit à petit, en acceptant chaque travail sans jamais compter ses heures et sans poser aucune question. Son dévouement était absolu, il avait su montrer assez de loyauté en dénonçant un homme qui se faisait passer pour un des leurs, alors qu'en vérité il n'était qu'un espion infiltré dans leurs travaux dans l'unique but de dénoncer leurs expériences. Cette dénonciation, que certains qualifieraient de délation, lui avait valu d'obtenir – enfin – la naturalisation russe qu'il espérait tant. Au terme de nombreuses années de sacrifices, il avait gagné d'importantes responsabilités.

Lors d'une soirée bien arrosée plus de deux ans auparavant, il avait croisé une jeune Anglaise exilée dans ce pays qui était celui de sa mère. Aza Rabbit. Le coup de cœur fut immédiat pour cette femme au teint de porcelaine, aux cheveux blonds comme les blés, aux yeux bleus, à la corpulence à la limite de la maigreur et aux jambes infinies. Ils se trouvèrent très vite des points communs, à commencer par leur profession, mais surtout l'envie folle de pousser les essais de la science au-delà de ses limites. Elle l'avait mis dans la confidence de l'existence de ce mystérieux endroit au bout de leur troisième rendez-vous, juste après des ébats amoureux sur la banquette d'une voiture dans un parking abandonné.

— Je connais un centre de détention absolument passionnant où l'on peut déceler, manipuler la défaillance génétique sur des sujets de type humain, vivants, tous touchés par la même maladie. C'est de la science libre. L'État veut éradiquer ce mal qui se propage, il nous laisse carte blanche, Julien.

Il avait tout de suite manifesté son enthousiasme face à ces projets et sa riche expérience avait convaincu le gouvernement de lui donner l'exclusivité des recherches sur le bâtiment des hommes. Il avait leur confiance absolue.

Le docteur Julien Homes sort de ses pensées, se penche sur Marius et continue son monologue, enregistré par le dictaphone posé sur le guéridon.

— HS 7244 a reçu de nombreux coups au niveau de l'abdomen et je remarque que son épiderme réagit de façon tout à fait normale. Je vais surveiller leur évolution au cours des prochains jours. Sa peau porte également les stigmates de la puissance du jet de la douche. En attendant, je décide de lui injecter le virus Influenzae, afin d'étudier la réaction de son organisme face à une maladie infectieuse et à une forte fièvre.

Le scientifique éteint son appareil, se tourne vers Marius et approche une aiguille qu'il lui enfonce sans aucune délicatesse dans le bras, sans prêter la moindre attention au désarroi qui envahit son nouveau cobaye.

CHAPITRE 5

Le fumier m'a traîné jusque dans ma cellule, comme un chien. Je ne comprends rien à ce qui se passe, le docteur m'a injecté un virus au nom étrange à l'aide d'une seringue. Il ne l'a même pas sortie d'un emballage stérilisé, elle était posée dans un bac. C'est quoi, ce truc ? Je vais mourir ?

— Toi vouloir manger ? Toi, travailler !

Je soutiens le regard du fumier même si je crève de trouille. Dès que je le vois, ma respiration se bloque, je ne suis plus capable du moindre mouvement.

— Debout !

— Où est Camille ?

— Toi te taire ! Debout !

Je me lève avec précipitation, par crainte de recevoir à nouveau une volée de coups. Pas de collier ni de laisse pour cette promenade, juste un parcours à suivre au pas. Depuis la cellule à côté de la mienne, nous rejoint un autre prisonnier, celui que j'avais croisé le premier jour en allant à la douche. Après quelques minutes de marche, le fumier nous installe à notre poste de travail. Des tâches culinaires… C'est toujours Camille qui gère la cuisine – parce que moi, si j'arrive à cuire des pâtes sans qu'elles collent, je lui demande une médaille, à ma moitié !

Kerim – j'ai appris son nom par le médecin – hurle :

— Travail !

Pas le temps de rêver, ni de penser, je dois seulement satisfaire les délires de ces dégénérés. Il faut que je me tire de là. Le fumier lance à mon partenaire :

— Explique-lui travail.

Et il s'en va…

J'attends une réaction de cet homme, il se déplace avec difficulté, je l'ai vu boiter sur le chemin qui nous a menés ici. Il a le regard fuyant, comme un animal perdu, il n'ose même pas poser ses yeux sur moi. Ses mouvements, en revanche, sont francs. Il est concentré sur sa tâche. Je l'observe, curieux, avant de prendre la parole :

— Moi c'est Marius, et toi ? Il se passe quoi ici ?

— Avant de prononcer ton nom, tu dois toujours t'assurer qu'aucun palach[1]…

— Un palach ?

— C'est le surnom qu'on leur donne… Assure-toi qu'aucun d'entre eux n'est dans les parages… S'ils t'entendent t'identifier autrement que par les chiffres et les lettres qu'ils t'ont attribués, tu seras installé au centre de la cour et battu… dans le meilleur des cas. Moi, dit-il en jetant un œil autour de lui, c'est Sylvain, HS 0728. Je vais t'expliquer la vie au camp…

— La vie au camp ?! Mais c'est du grand délire ! Je ne reste pas ici, moi, dis-je en me levant brusquement et en parlant plus fort que je ne l'aurais voulu. J'ai des droits ! Je m'en vais ! Je m'en bats les couilles, de vos patates de merde !

1. Bourreau, en russe.

— Calme-toi, tu vas te faire tuer, putain ! Il va vite falloir que tu comprennes qu'ici tu n'as plus de droits, tu n'as plus aucun statut. Tu es juste celui qui déshonore la race humaine.

Je fronce les sourcils et recule en réaction à ce que vient de me dire Sylvain. Je m'apprête à reprendre la parole mais mon compagnon de travail ne m'en laisse pas le temps :

— J'ai entendu Homes parler de malformations, de maladie mentale... C'est tout ce que je sais. Il n'y a qu'un seul francophone ici, et c'est le docteur Homes. Il y a toi aussi maintenant, ça me rassure sincèrement de l'apprendre. Moi, je suis belge.

« Malformation génétique », « maladie mentale », ces mots résonnent dans mon esprit déjà trop plein d'aberrations en tout genre. Je n'ai pas la moindre malformation ni maladie mentale... Ils se trompent ! Putain, ils se trompent ! Julien va vite s'en rendre compte et je vais être sauvé ! Je retrouverai Camille et on fuira ce pays maudit. Je le dis à Sylvain, je lui explique que je dois voir le toubib pour qu'il constate la terrible erreur dont je suis victime.

— Il n'y a aucune méprise, Marius, tu es dans le déni. Comme nous tous en arrivant ici. Laisse-moi t'expliquer le déroulement d'une journée dans cet endroit, avant que le palach Kerim ne revienne. Et surtout, continue d'éplucher les pommes de terre, dit-il en les désignant d'un coup de tête. Chaque matin à quatre heures trente, c'est le réveil et la distribution de ce que ces enfoirés appellent du café. À cinq heures, tu dois être dans la cour et répondre à l'appel de ton numéro, alors ton truc, là, sur la poitrine, tu l'apprends par cœur et tu ne te plantes pas d'un chiffre ! Tu les répètes encore et encore pour t'en souvenir à tout prix. Ensuite, six heures, les palachs se rendent dans la section qui leur a été confiée. Nous, on est tombés sur ce connard de Kerim, c'est le pire de tous, complètement endoctriné dans ce délire, il s'en donne à cœur joie pour nous emmener sur notre poste de travail. À six heures trente, tu dois être en action. De douze heures à douze heures trente, c'est la pause déjeuner, mais uniquement pour ces bourreaux de Satan, nous, on les envie, on bave, on salive. C'est pour eux que t'épluches des légumes, aujourd'hui. Fin de journée, dix-neuf heures, arrêt du travail, appel des détenus, retour à ta section et distribution de ta ration quotidienne. Vingt et une heures trente, extinction des feux. Ça, c'est une journée de travail. Les jours où ils ont besoin de toi pour leurs expériences, c'est moins physique, tu deviens un de leurs vulgaires jouets, tu souffres gratuitement, tu manges quand il pense à te filer à bouffer, donc d'un point de vue… disons psychologique, c'est très compliqué et ton organisme morfle vachement. Ah oui, dernier point, ton dossier, celui où ils notent les résultats de leurs « petits calculs » : tu ne le perds pas, jamais ! Sinon, ils devront tout recommencer et puis…

Je n'entends plus rien, mon cerveau est renversé, mon cœur bat bizarrement, reprend par saccades. Je parviens juste à fixer Sylvain et à articuler ces quelques mots :

— Moi, je suis ici… Mais Camille… Qu'est-ce qu'ils ont fait de Camille… ?!

— Qui est Camille… ?

— C'est ma moitié, nous étions en vacances, Sylvain… Il y a méprise, je te jure. Ils ont forcément commis une faute.

— Je ne sais pas où est ta moitié, mec… Je n'ai jamais vu personne avec un proche dans ce camp.

Je me lève et j'explose :

— Mais tu es ici depuis combien de temps pour parler comme ça, toi, d'abord ? J'en ai marre d'entendre toutes tes horreurs…

— Je suis là depuis assez longtemps pour te conseiller de m'écouter, alors tais-toi et assieds-toi !

Sylvain se retourne et voit le palach Kerim se diriger vers moi, il baisse alors la tête sur sa tâche du jour et me chuchote :

— Assieds-toi, Marius, travaille, sinon les horreurs, tu ne vas pas seulement les entendre, crois-moi !

Je ne l'écoute pas et j'affronte mon futur bourreau avant de cracher sur son uniforme quand il se poste devant moi. Un violent coup de pistolet à impulsion électrique me pulvérise et me démontre que je viens très certainement de commettre une terrible bêtise.

CHAPITRE 6

Le docteur Julien Homes est réuni avec ses trois confrères. Il écoute ses collègues faire le bilan des tests effectués sur les malades de leurs sections respectives. Sa compagne, Aza Rabbit, la responsable de la partie du bâtiment réservée aux femmes, explique qu'une de ses cobayes a été sacrifiée, suite à une rébellion contre un gardien. La démente l'a frappé au visage alors que le maton avait eu besoin de soulager une irrépressible envie de sexe.

L'indisciplinée a été frappée par des coups dans le bas-ventre, puis un coup fatal lui a perforé la rate et elle s'est étouffée avec son propre sang. Le bilan de l'autopsie n'a rien apporté de nouveau, son organisme a réagi comme n'importe quel autre organisme, de n'importe quel autre être humain. Son cœur, une fois de plus, ne présentait aucune anomalie.

Les médecins expliquent qu'ils commencent à ressentir la pression de la ministre Izaket Oumarov. Ils doivent avancer dans leurs recherches et fournir des résultats probants au plus vite car l'anomalie présente dans le corps de ces hommes et de ces femmes touche de plus en plus de monde, et des individus parfois très jeunes à travers tout le pays.

Homes prend la parole, HS 7244 est un des cobayes entrés dans la section de recherches lors de la dernière rafle. Il est jeune, frais, n'a pas encore subi de sévices, ou tout du moins, rien de bien méchant, juste un simple recadrage. Et puis ce virus, Influenzae, touche des milliers de personnes à travers le monde. Le sujet l'a sans doute même déjà contracté à plusieurs reprises.

— Madame Oumarov, notre très chère et dévouée ministre, qui ne cesse de nous apporter de nouveaux moyens financiers, doit venir la semaine prochaine pour se rendre compte de l'avancée de nos travaux. Le gouvernement prévoit une traque massive, et des clients, nous n'allons pas en manquer ! Leur nombre augmente considérablement. La prolifération de leur mal est de plus en plus rapide et les familles de ces déchets de la société nous les livrent même en main propre maintenant. Nous avons encore une multitude de tests à effectuer.

Homes se frotte les mains. Et s'ils prélevaient, pour les analyser, les organes sur leurs cobayes encore vivants afin de voir si la réaction physiologique est normale ? Ces individus ont forcément une faille, et eux médecins doivent la trouver. Lui et son équipe deviendront les scientifiques de leur génération, les scientifiques que tous les chercheurs à travers le monde acclameront, vénéreront… Même ce fou de professeur Cram et le doyen de l'époque qui l'ont injustement exclu de la faculté de médecine se mordront les doigts d'avoir congédié un praticien aussi talentueux que lui. Son père, où qu'il soit, sera fier, enfin, de cet unique fils et regrettera sans doute de l'avoir si souvent puni et de lui avoir interdit de pratiquer ses expériences.

La réunion est terminée, Homes sort de ses pensées, repose ses lunettes sur la table avec beaucoup de délicatesse, se lève et regarde dehors par la fenêtre de la salle.

Un groupe composé de quelques reclus observe les gardiens en train de manger. Homes a alors envie de jouer un peu. Il prend le plateau de gâteaux disposé au centre de la grande table en Formica, ouvre la fenêtre et siffle les hommes assis à même la terre. Quand ils lèvent la tête, il leur jette un gâteau. Un seul et unique petit biscuit pour cette quarantaine d'hommes qui crèvent littéralement de faim. Le résultat est tordant : tous les bagnards se jettent sur le « cadeau du jour », ils se frappent pour avoir le privilège de dévorer le biscuit et de réveiller leurs papilles privées de plaisir depuis de longs mois. Ils se traitent de tous les noms, se marchent les uns sur les autres. Le gâteau finit écrasé par terre et seuls deux individus se battent encore pour pouvoir lécher les miettes sur le sol. Il arrive que les gardiens extérieurs soient forcés de faire intervenir leurs chiens, des malinois et des bergers allemands, pour calmer les affamés. Ces molosses sont des bêtes furieuses qui mordent les détenus parfois jusqu'à la mort. Il suffit d'un ordre de leurs maîtres pour que ces sales cabots les saisissent à la gorge, aux testicules ou aux jambes au point que le sang coule et se répande, que la peau craque, se lacère et se déchiquette autour de la morsure. Ils se lèchent alors les babines à la simple odeur de l'hémoglobine et repartent en remuant la queue vers leurs maîtres qui les félicitent par des caresses et des os à moelle.

Homes en a assez vu, il doit surtout reprendre son travail, il ferme la fenêtre et retourne à son laboratoire.

CHAPITRE 7

Le réveil est brutal. Je suis à demi nu, le haut de mon corps est à l'air libre. L'air glacé fouette ma peau. Mes mains sont nouées autour d'un poteau en bois, placées devant moi. Mon visage est collé contre ce tronc et mes yeux sont bandés. Je ne perçois que les bruits qui m'entourent : le martèlement des bottes, les injonctions des palachs et une alarme qui résonne dans la cour et cingle mes oreilles, mais pas un seul son de la nature, pas un seul chant d'oiseau, à croire que même eux fuient ce lieu maudit. Des pas se rapprochent, lourds et réguliers. Et puis une voix, celle de mon pire cauchemar : Kerim. Il m'intime l'ordre de m'identifier avant de recevoir mon châtiment. Mais je ne suis pas, ne serai jamais une combinaison de chiffres et de lettres !

— Marius, Marius Canon.

— Réponse, MAUVAISE !

Un coup de fouet cravache mon dos et me soutire un feulement de douleur. Je hurle le prénom de Camille en espérant que ça me sorte de là, que tout cela ne soit qu'un horrible cauchemar, que mon amour soit près de moi et me réveille tendrement. Le fumier me demande à nouveau de m'identifier. Je ne le connais pas, mon matricule ! Pas eu le temps de l'apprendre. Et je n'ai aucune mémoire, c'est Camille qui pense toujours à tout pour moi, d'habitude. Camille...

Sur une sommation de Homes, les coups cessent. Le fumier tire mon corps vers l'arrière en desserrant la corde qui maintient mes poignets, il arrache les boutons de mon costume de fortune et je sens le contact d'une lame sur le haut de mon torse, je sens qu'elle tranche ma peau, je sens la douleur, le sang qui coule, qui se répand sur ma poitrine, et le mal, bloqué dans ma gorge. Je ne peux plus rien exprimer, complètement pétrifié. Le palach s'en va et le bruit de ses pas s'efface au fur et à mesure qu'il s'éloigne sous les rires de ses collègues.

Aussitôt, je sens des mains se poser sur moi, dénouer mes sangles et me retirer le tissu noir qui me bandait les yeux. La lumière du jour blafarde m'éblouit dans un premier temps, et puis je vois des dizaines de détenus dans leurs pyjamas de bagnards. Le ciel est gris, rempli de nuages et une fine pluie commence à tomber sur nous. C'est Sylvain qui me réconforte d'un geste et d'un coup d'œil plein d'empathie comme pour me dire qu'il est là, qu'il comprend ce que je viens de vivre. Il est entouré de quelques hommes qui ont de multiples cicatrices sur le visage. L'un d'eux a un œil recouvert d'un pansement ensanglanté, l'œil droit, l'autre est vide, vide de sentiments. Je ne devine rien dans son expression, même pas de la pitié pour la flagellation que je viens de vivre... Comme si ce genre de spectacle était devenu une habitude, un rituel. Les larmes coulent sur mes joues et se mêlent à la pluie qui a déjà mouillé mon crâne rasé. Quand vont-ils comprendre que je ne suis qu'un simple touriste et que ma place n'est pas ici ? Que je suis français et que j'ai des droits.

Mon pays, c'est celui des droits de l'homme. Ce que je vis dans cette prison, dans mon pays, on ne le ferait même pas subir à un chien, pas même à un tueur d'enfants. En France, les tueurs d'enfants sont traités avec un minimum d'humanité. Ils restent des hommes, tout criminels qu'ils soient, peu importe le délit qui leur est reproché, ils ne sont pas humiliés comme des bêtes. Je me sens bafoué, rabaissé comme si j'étais un infâme parasite. Je continue de pleurer en appelant Camille, je pleure son nom, je tombe à genoux en conjurant le ciel de me sortir de cet enfer.

Quand j'étais enfant et quand il pleuvait, ma mémé Simone me racontait que c'était parce que le bon Dieu était triste. Je repense à ses paroles en sentant la pluie imprégner ma peau. Là, tout de suite, personne ne peut être plus triste que moi... Sylvain me saisit par les aisselles et me rhabille en prenant garde de ne pas effleurer les blessures dans mon dos tailladé par le fouet. Il approche sa bouche de mon oreille et me dit que la journée est terminée, que je vais pouvoir aller manger ma soupe du jour et dormir en pensant à Camille autant que je le veux. Mais que je dois surtout, et avant tout, apprendre ce foutu matricule, merde !

En me dirigeant vers ma cellule, je me le répète silencieusement. Dans le couloir qui me mène vers ma prison, je vois un gars face au mur avec les mains attachées dans le dos et la tête inclinée vers ses pieds. Il sanglote, supplie les surveillants en faction de le relâcher sans doute, car je ne comprends pas ce qu'il dit. C'est un des nôtres, je le sais. Il n'a pas d'uniforme pourtant. Mais à la façon dont les gardiens le fixent et l'invectivent... Je vois bien qu'ils ont autant d'estime pour lui que pour moi. Puis quelqu'un, muni d'une tondeuse à cheveux, le saisit pour l'emmener vers la salle de douche. C'est sûr, il n'est pas dans le clan adverse.

Me voilà dans mon réduit de béton. Il y a un matelas en mousse moisie accompagné d'une mince couverture aussi douce que des poils de barbe, et sur un pan de mur une minuscule fenêtre équipée d'épais barreaux. Je reçois ma ration quotidienne : un verre d'eau accompagné d'une maigre soupe d'une couleur infâme dont je ne saurais déterminer le goût. Je n'ai ni l'envie ni la force de terminer cet abject repas. Je bois mon eau, pour étancher ma soif, et je m'allonge. J'entends au travers de la paroi la voix du seul ami que j'ai dans cette prison. Les cloisons sont tellement fines que l'on peut converser comme s'il était couché là, près de moi. Il me demande de lui parler de Camille. Un sourire me vient aux lèvres et je lui décris aussitôt l'amour de ma vie.

— Oh, si tu la voyais, ma moitié, mec ! Ses yeux sont d'un bleu océan, dans lequel on voudrait se noyer. Ses cheveux roux sont coupés court et il y a toujours un épi là, en haut de sa tête. Chaque matin, c'est le même scénario, une vraie crise de nerfs devant le miroir pour dresser sa coupe. Son corps parfait est entretenu avec coquetterie… Le gommage sous la douche, chaque lundi, le lait hydratant appliqué sur sa peau quotidiennement. Ses petites taches de rousseur qui encerclent son joli nez de fouine, mais qui l'insupportent encore plus que son épi.

Je ne veux pas, ne peux pas en dire plus. Des sanglots bloqués dans ma gorge m'en empêchent. Alors je me tourne sur le côté et ne réponds plus à Sylvain, faisant mine de dormir.

Je grelotte, m'enfouis sous ma couverture. Mais mon corps, lui, est chaud, mon front est bouillant. Ma peau est brûlante, j'ai froid pourtant… Le virus. Je crois que je commence à ressentir les premiers symptômes… Qu'est-ce que ce fou m'a injecté ? J'analyse ma blessure en haut de mon torse, une scarification. Ce monstre m'a scarifié trois chiffres : 666. Il vient de marquer mon corps aux chiffres du diable.

Je ferme les yeux en imaginant Camille, ici, tout près de moi. Je l'imagine en train d'essuyer mes larmes de ses baisers et je devine que ses longs doigts s'amuseraient à me chatouiller sous les pieds pour m'obliger, à coup sûr, à rire et à oublier ce « gros chagrin ». Me sourire avec malice, me serrer dans ses bras chauds, en train de coller sa peau contre la mienne et me caresser de ses mains si douces. Je me plonge dans un doux rêve qui, je l'espère, va vite devenir réalité.

CHAPITRE 8

Quatre heures trente du matin – enfin, j'imagine… L'alarme retentit, comme chaque matin depuis mon arrivée, et je sens de l'agitation autour de moi. J'ai perdu toute notion du temps, je ne sais plus depuis combien de jours je pourris ici. J'aimerais avoir de quoi graver sur le mur un bâton pour chaque journée vécue entre ces murs. Je ne pense même pas au nombre de kilos de pommes de terre que j'ai pu éplucher ces derniers jours. Quand je serai de retour à la maison, il n'y en aura plus jamais une seule dans le garde-manger.

Dans les cellules d'à côté, certains bâillent bruyamment, s'étirent en terminant par une petite onomatopée. Moi, je décide de traîner un peu. Ce bruit strident explose dans mon crâne, martyrise mes tympans, et j'ai un mal de tête à me la fracasser. J'ai mal dans les bras, dans le cou, dans le dos et dans les jambes : l'impression d'avoir couru un marathon, je suis si fatigué. J'entends les trappes des portes voisines s'ouvrir et Sylvain me souhaite de sa couchette un « bon p'tit déj' ». Mais ce n'est pas la lucarne qui s'ouvre, c'est ma porte. Et c'est cet enfoiré de Kerim que je retrouve. Il a le même sourire satisfait que les autres jours.

— Docteur ! me dit-il.

Je repense à ce que m'a expliqué Sylvain. « Les jours où tu leur sers de cobaye, tu ne manges que quand ils pensent à te filer à bouffer. » Je me lève, sous les braillements de mon estomac qui crie famine. Je me fais violence pour qu'aucune grimace ne se dessine sur mon visage. Ne surtout rien laisser paraître devant ce fumier. Je saisis mon dossier et rejoins le palach. Il prend un malin plaisir à me pousser, pour presser mon allure, avec sa matraque, en l'appuyant fermement sur mon dos meurtri. Je ne lui donnerai pas la satisfaction de l'implorer une fois encore, je suis bien plus fort qu'il ne le pense, ma mère me l'a toujours répété lorsque je me plaignais des insultes et des moqueries de mes camarades d'école. J'ai l'impression que mon corps est anesthésié, de toute façon. J'arrive dans la salle où le docteur m'a injecté ce virus. La même infirmière, les mêmes liens autour de mes poignets et mes chevilles, et la même lumière éblouissante qui me brûle les yeux encore plus que la dernière fois. Le docteur entre dans la pièce et me fixe un instant avant de prendre la parole.

— HS 7244, dit-il en lisant mon dossier. Je n'avais pas prévu de vérifier… aujourd'hui, je veux dire… la réaction de ta peau, son pouvoir de cicatrisation sur des blessures superficielles et des scarifications. Mais grâce à ta dernière punition… je vais pouvoir y penser, m'explique-t-il en se frottant les mains. Commençons d'abord par ce virus et la réaction de ton organisme…

— Je veux voir Camille, dis-je.

Il enfile ses gants, sa blouse, son masque puis m'ausculte en m'ignorant totalement. Il me pose des questions sur mon état de santé général, avant de prendre son dictaphone et d'appuyer sur la touche « enregistrement ». Il commence alors son monologue :

— HS 7244 a reçu, lors de notre dernier entretien, le virus Influenzae par injection. Il dit ressentir des céphalées ainsi que des douleurs musculaires et articulaires. Il présente une asthénie, ce qui justifie la dégradation de son état de santé et la faiblesse généralisée de l'organisme. Il ressent des frissons et présente une forte fièvre – 39 °C – après vérification à l'aide du thermomètre frontal. Il a également une légère congestion nasale. Son organisme semble réagir de manière tout à fait normale au virus de la grippe. Je vais surveiller l'évolution sur trois jours.

Il coupe l'enregistrement, se dirige, mon dossier en main, vers son clavier d'ordinateur, et ses doigts tapent, au rythme du bruit des touches, ses premières conclusions. Il se tourne ensuite vers moi et m'explique que je vais rester ici, à l'infirmerie, pour qu'il m'examine avec minutie, et visiblement il a l'air de penser que c'est un cadeau qu'il me fait, un privilège. Je crois que j'ai une autre idée que lui de ce qu'est un examen médical. Il dénoue les liens qui m'entravaient jusqu'alors. Vu mon état, je ne suis pas un danger. Pas de risque que je me lève pour lui en coller une, même si ce n'est pas l'envie qui me manque. Il inspecte les chiffres scarifiés sur mon torse et presse dessus avec ses doigts aussi forts qu'il le peut avant d'y appliquer une substance alcoolisée sans aucun ménagement. Le liquide calcine ma blessure, je me débats, arque mon corps sur le lit et m'égosille une nouvelle fois de douleur. Il ignore les plaintes et me demande de me tourner, il doit inspecter mon dos et les marques du fouet. Mêmes gestes, mêmes cris. Comme à son habitude, il établit son bilan au dictaphone.

— Je suis toujours sur le sujet HS 7244. Suite à une punition pour effronterie sur Kerim, il présente une scarification sur le torse et des lacérations dans le dos après quelques violents coups de fouet. Sa peau est légèrement rougie sur les contours mais ne présente pas de boursouflures. La régénération cellulaire n'est pas encore parvenue à son terme. Je ne remarque pas d'infections particulières malgré l'absence de soins. Les marques de la douche, quant à elles, ne sont plus visibles, et sa blessure à la tête semble se résorber. Une fois de plus, les réactions de l'organisme sont normales et je vais donc devoir poursuivre mes essais.

Dans ma tête, ça cogne comme un tambour régulier au centre d'une fanfare de carnaval. Homes me tend un cachet blanc et un verre d'eau. J'hésite à l'avaler puis me dis que je n'ai pas vraiment le choix, alors je le prends avant d'être conduit à l'infirmerie. Pas beaucoup de différences avec ma cellule, si ce n'est que les araignées, cafards et souris n'y ont pas élu domicile. Je réitère ma demande à Homes avant qu'il ne referme la porte.

— Docteur, je veux juste voir Camille.

Il attrape la poignée et sort sans un mot. Une fois seul, je jette un œil sur mon dossier médical et y lis les conclusions, toujours traduites, que le docteur a énumérées tout à l'heure. Mais de quelle anomalie peuvent-ils bien me croire porteur… ?

CHAPITRE 9

Déjà trois jours que je suis dans cette infirmerie, j'ai l'impression d'être leur rat de laboratoire. Juste bon à assouvir leur soif de découverte ! Ils me donnent à boire pour éviter la déshydratation et à manger, juste le strict minimum.

À la maison, quand je suis malade, Camille veille au grain pour que je me rétablisse dans les meilleures conditions. Sage-femme dans un hôpital depuis plus de dix ans… Forcément, ça aide à avoir un tempérament avenant et surtout une patience d'ange… Parce qu'il faut le dire, comme la majorité des hommes, je suis un très mauvais malade. Un petit rhume, une légère toux et je pense que j'ai une pneumonie. Un mal de tête, et c'est la tumeur maligne qui va me tuer en moins de trois semaines. Je flippe à chaque fois, mais ma peur a le mérite de déclencher le rire de Camille qui me fixe d'un air grave, très convaincant, et qui me conseille de prendre rendez-vous avec un pneumologue ou un cancérologue le plus vite possible… Et surtout de laisser mes dernières volontés pour mes obsèques et de ne pas oublier de lui léguer tous mes biens, même si je ne possède pas grand-chose. Toujours la même farce puérile avec son léger sourire en coin qui me fait craquer, fondre d'amour.

Je suis sorti de mes songes par l'arrivée d'un blessé qui geint de douleur. Il paraît ne plus avoir la force de hurler. Sa jambe droite est maculée de sang, le tissu de son pyjama est déchiqueté, je vois les os ressortir de son genou et la peau, arrachée presque délibérément, pourrait-on croire, tomber en lambeaux autour de cette terrible entaille. Je m'assieds sur mon lit de fortune et me contorsionne dans tous les sens en grimaçant devant ces terribles images, mais je ne veux pas rater une miette de cet horrible spectacle. Je me demande bien comment les médecins comptent amoindrir son supplice. Une infirmière ferme un rideau de séparation, me fixant d'un air accusateur. Accusateur ? Pourquoi, de quoi ? Ma curiosité est morbide, sans doute.

L'image est coupée mais j'ai toujours le son. Tout à coup, les gémissements sont remplacés par des hurlements, des hurlements de terreur… Ce que j'entends, ce sont des suppliques, comme jamais je n'aurais imaginé en entendre un jour. Elles sont insoutenables. Le mince rideau isolant nos tortures ne les arrête pas. Puis le son caractéristique d'une scie circulaire me parvient. L'impensable me saisit d'effroi. Sa blessure était une fracture ouverte, c'est incontestable. La médecine moderne est largement en capacité de réduire ce genre de blessure mais le bruit s'intensifie, bute sur un obstacle ou je ne sais quoi. Et ce sont des giclures rouges qui recouvrent partiellement le rideau blanc. L'homme a dû s'évanouir de douleur ou son cœur n'a tout simplement pas résisté car ses cris ont cessé. Le boucan de la scie laisse place à celui d'une chute. C'est sûr, quelque chose est tombé sur le carrelage. Un silence effrayant, terrifiant, atroce envahit la pièce. Mon cœur cogne si fort que j'ai bien l'impression qu'il va à son tour perforer ma cage thoracique et se barrer de cet endroit de fous. Je sens tous mes membres trembler de terreur.

Un stress oppressant, épuisant, suffocant me submerge. Je baisse la tête et aperçois au sol cette chose qui est tombée au pied du lit... Sa jambe droite, coupée net. Sans aucun préambule, sans avoir donné aucun autre recours à cet homme, ils lui ont coupé la jambe. Ce martyr ne pourra plus marcher dans les couloirs de ce camp de torture. Je suis pétrifié et n'ose plus le moindre mouvement. Je sais qu'il n'y a rien à faire, mais mon cerveau ne comprend pas ou plutôt n'accepte pas ce que viennent de subir mes yeux et mes oreilles. Homes ouvre la tenture, sa blouse est maculée, tout comme son masque de protection. Il sourit en frappant dans les mains comme un enfant qui aurait reçu le jouet qu'il attendait tant le soir de Noël.

Comment peut-il ressentir cette excitation ? Moi, je suis excité par une boîte de chocolats ou par une virée entre potes... ou par Camille, bien sûr... Mais ça ?! Cette ordure est... Je n'ai pas d'adjectif approprié pour le définir. Je n'en trouve pas. Quand je sortirai d'ici – parce que je vais sortir d'ici, mon pays va entreprendre ce qu'il faut pour me retrouver –, je dirai tout. J'irai sur les plateaux de télévision et dans les studios de radio pour raconter ce qui se passe en ces lieux. Je serai reçu à l'Élysée et je dénoncerai chaque humiliation et chaque vexation pour que le gouvernement français agisse. Ces hommes devront répondre de leurs actes. Je vengerai chaque humain martyrisé, chaque torture infligée par ces bouchers.

Homes se dirige vers moi, me pose des questions sur mon état de santé général comme s'il ne venait pas d'amputer volontairement et sans aucune raison valable un de mes semblables quelques minutes auparavant. Et moi, je devrais lui répondre et jouer le malade sans songer à la personne qui occupe mes pensées à chaque instant ? Depuis trois jours que je suis ici, à chaque fois qu'il est venu me voir, je lui ai demandé des nouvelles de Camille.

Je m'accroche à l'espoir de nos retrouvailles un peu plus chaque matin en me réveillant. Je tente ma chance, une fois de plus. Je suis têtu comme garçon.

— Docteur... Camille, où est... ?

— Oh ! Camille, Camille, Camille !!... Tu n'as donc que ce prénom à la bouche ? Tu commences à me fatiguer avec cette personne, dit-il en grimaçant, dégoûté. Je ne vois pas tous les sujets passer, qu'est-ce que tu crois.

Il réfléchit quelques minutes jusqu'au moment où une idée éclaire son esprit :

— Je pourrais procéder à un minimum de recherches pour satisfaire tes attentes mais il faudrait juste être un peu plus coopératif... Tu pourrais... collaborer avec nous.

Il me fixe, semblant attendre une réponse qui vient après une légère réflexion.

— Tout ce que vous voudrez... Mais ne lui faites pas de mal...

— Je reviendrai vers toi. Tu t'en tiens simplement à ce qu'on te dit. Tu restes à ta place ou Camille, « ta moitié », arrivera en pièces détachées... Tu as pu voir que j'aimais particulièrement découper mes créatures, non ?

Je suis un automate à la merci de ce fou pour retrouver Camille. Je me laisse manipuler par Homes qui examine une dernière fois mes blessures au dos et la scarification. Il prend son fidèle dictaphone et débite le bilan de ses constatations avant de me libérer et de me remettre entre les mains d'un palach, un nouveau.

On me ramène dans ma cellule. Ce que je vois en sortant de cet endroit qui porte le nom d'infirmerie me coupe le souffle. La panique m'affole. Je ressens une impuissance mais surtout une incompréhension totales. Des cris, encore et toujours.

CHAPITRE 10

Les hommes de main de cette prison sont regroupés dans l'ensemble de la bâtisse pour accueillir des dizaines de nouveaux arrivants.

Sylvain perçoit des bruits d'agitation à travers la porte de sa cellule, il entend des coups de matraque, de pistolet électrique, des gémissements quand la douleur a coupé le souffle de certains captifs. Il entend des supplications, des larmes, des braillements, puis un silence accablant. La porte de sa cage s'ouvre. Il a le réflexe, légitime, de se recroqueviller dans le coin de sa couche, celui de gauche, là où les cafards ont élu domicile. À droite, ce sont des araignées, parfois minuscules, parfois énormes, qui se pointent sans prévenir. Il a une peur bleue de ces fichues bestioles, depuis toujours. À la maison, c'était Laurence, sa femme, qui se chargeait de les tuer.

Les blattes s'infiltrent sous son pyjama, le long de ses jambes recouvertes d'ecchymoses, d'égratignures et de crasse. Il est ici depuis de nombreuses semaines et n'a eu le droit qu'à une seule douche. Il sent un de ces cancrelats monter de plus en plus haut et se balader le long de son pénis, c'en est trop, il se relève en se secouant aussi fort qu'il le peut pour se débarrasser des insectes qui l'envahissent. Ils tombent les uns après les autres sur le béton crasseux et s'enfuient pour se perdre dans le minuscule trou par lequel ils entrent et sortent à leur guise.

Sylvain, lui, c'est sa fierté, sa dignité et son courage qu'il a laissés depuis longtemps au seuil du portail du camp. Il se souvient du jour où il a été kidnappé dans un bar au fin fond d'une campagne du pays. De ce qui l'a amené à se rendre dans ce bar. C'était une première pour lui, ce genre de soirée… Et puis des individus cagoulés, qui hurlaient et qui ont raflé tout le monde, ont débarqué.

Le palach en chef, Kerim, le sort de ses pensées et le saisit par l'épaule. Sylvain l'a rarement vu comme ça, Kerim a l'air dans un état de choc, de stress et d'excitation hors norme. Ses aisselles sont auréolées de transpiration et son front trempé de sueur, sa mâchoire se crispe et ses yeux sont plus noirs que d'accoutumée. Il traîne Sylvain derrière lui sur le sol souillé par les urines des nouveaux arrivants, qui ont dû céder à la peur. Sylvain est allongé dans le long couloir, il voit les visages suppliciés, les larmes qui coulent le long des joues, les mains nouées dans le dos, et il y a aussi ce relent d'excréments et les pantalons puants qui l'écœurent. Les nouveaux sont une cinquantaine, ont l'air d'être de tous les âges et de toutes les classes sociales. Certains sont en uniforme de travail, d'autres en tenue de civil, il y en a même un qui porte un smoking de luxe.

Kerim balance Sylvain dans une cellule dont le sol en béton est en partie recouvert d'hémoglobine, puis le palach sélectionne un homme parmi ceux qui sont alignés face au mur, l'homme au smoking justement, et le jette près de Sylvain, après avoir dénoué ses liens. D'autres bourreaux se rapprochent, ils veulent être aux premières loges pour assister à la scène qui va se jouer devant eux. Ils observent les détenus comme s'ils découvraient des singes au zoo et rient de ces bêtes curieuses. L'homme au smoking se cache le visage entre les mains, sanglote, se pisse dessus, se lève soudainement et implore les surveillants qui l'entourent de le laisser sortir. Puis il les supplie à genoux, les mains jointes en prière. Il se déchaîne, hurlant son incompréhension et sa peur. Sylvain, lui, tourne la tête pour ne pas voir la scène. Il pense à son propre sang, et à celui de ce compagnon qui va sans doute bientôt tacher une partie de ces murs, il n'essaie même pas de se lever pour tenter de s'enfuir, il sait que c'est inutile.

Kerim pousse l'homme au smoking contre la paroi, il baisse le pantalon de Sylvain et prend la main de l'homme pour la poser avec brutalité sur le sexe de Sylvain en mimant un geste de masturbation. Sylvain se relève et repousse les mains venues de force sur son pénis. Il ne veut pas de ce contact, ne comprend pas à quoi jouent ces crétins. Il croise le regard de l'homme victime de cette sombre blague et y lit de la honte, des excuses, de la peur.

Mais ce refus est un acte de rébellion, et Sylvain le sait. Le palach responsable de sa section le frappe de toutes ses forces à la mâchoire. Il le punit d'avoir contredit un ordre. Du sang et des morceaux de dents s'échappent de sa bouche, puis c'est à coups de pied dans le bas-ventre et à l'entrejambe que Sylvain est châtié. Chaque coup provoque une douleur qui le soulève. À un moment, il a même l'impression que ses testicules vont lui remonter dans la gorge tellement le coup de pied envoyé par son geôlier est puissant. Son corps entier est secoué de spasmes, sa vision se trouble instantanément, et il croit qu'il va s'évanouir sur place.

Sylvain aperçoit Marius qui sort de l'infirmerie – il commençait à croire qu'il n'allait pas le revoir. Tant d'autres avant lui n'ont pas survécu à toutes les tortures infligées ici. Tant de condamnés ont déjà rendu l'âme entre ces murs qui sont déjà les témoins de tant d'horreurs, se dit-il. Il ressent un curieux soulagement en voyant cette figure amie. Il pense soudain qu'il ne sera pas seul dans ce calvaire. C'est tellement agréable d'avoir une compagnie, de pouvoir parler avec quelqu'un, rompre la solitude si anxiogène qu'il subissait ici avant l'arrivée de Marius. Il regrette aussitôt ses pensées et se trouve bien égoïste, car il sait que la mort est une délivrance attendue de beaucoup en ces lieux. Qui ne la souhaiterait pas ?

Alors que le degré de douleur est tel que des flashs crépitent dans ses yeux, il entend un mot prononcé dans la langue maternelle de ces monstres, un mot qu'il avait déjà entendu sans en être totalement certain, la consonance ressemblait fortement à l'équivalent français. Avant d'aller dans ce pays pour son déplacement professionnel, il avait ressorti les cours de russe qu'il avait suivis au lycée en option. Il s'était vite rendu compte qu'avec les années il avait tout perdu de cette langue, qu'il pouvait un peu la parler mais qu'il ne la comprenait plus. Il se souvient qu'il s'était beaucoup amusé au moment de prononcer quelques mots. Laurence et les filles s'étaient même prêtées au jeu de faire semblant de parler russe. Mais ça, c'était avant, quand il vivait en Belgique et qu'il riait encore, avec son humour complètement décalé. Aujourd'hui, il est mort à l'intérieur, éteint, il n'a plus de sentiments. Il ne connaît à présent que la peur, même l'espoir a disparu. Il se dit que tous ses proches doivent le croire disparu, assassiné. Il songe à Laurence qui lui reprochait parfois de penser que tout était acquis dans leur couple, de la délaisser. Et les filles ? Comment vivent-elles son absence ? Pour lui, le vide est abyssal. Tout lui manque : leurs rires, leurs chamailleries, le son de leurs voix, leurs petits sauts dans le lit pour le réveiller le dimanche matin, leurs gloussements quand il les chatouillait sous les pieds, même leurs caprices. Ici, dans ce monde encore inconnu de tous, il n'y a plus que des larmes.

Avant de perdre connaissance, il est de nouveau traîné dans ces couloirs crasseux. Le goût métallique, presque familier, du sang dans la bouche, les trous dans sa dentition, les douleurs au bas-ventre et les parties encore meurtries le sortent de ses rêvasseries et lui rappellent les dernières violences du palach. Suite aux nombreuses arrivées, les bourreaux de ce camp ont augmenté le nombre de détenus par cellule, et Marius partage dorénavant la sienne avec lui. Sylvain se réveille, installé sur sa couche, Marius est penché au-dessus de lui et tente comme il le peut de le réconforter. Sylvain entend à peine ses paroles. Seul le mot des palachs tourne encore dans sa tête.

CHAPITRE 11

C'est l'effervescence dans les couloirs du bâtiment. Les gardiens sont dans un état de stress et d'excitation extrême avec l'arrivée des derniers individus. Tout le monde se bouscule, se marche dessus. Certains hommes sont déjà blessés, sûrement à cause des coups reçus au cours du voyage. Le docteur Homes passe parmi eux. Le gouvernement a visiblement mis en place les traques massives promises. Homes est sorti de son labo pour s'assurer que tout sera en ordre en fin de matinée. Car aujourd'hui, la ministre, Mme Izaket Oumarov, doit venir visiter le camp pour se rendre compte de l'évolution des recherches. Le médecin sait qu'il n'a pas droit à l'erreur. S'il veut que l'État continue de lui allouer les sommes astronomiques versées chaque mois sur un compte privé, il faut que tout soit parfait.

Le calme revient vite, les nouveaux ont été parqués dans un grand box commun dans l'attente de l'attribution de leurs matricules. Il est cinq heures du matin, le ciel est dégagé et les sujets sont regroupés au milieu de la cour. C'est l'heure de l'appel. De sa fenêtre entrebâillée, tout en sirotant un café crème – sans sucre –, Homes admire le spectacle qui se joue quotidiennement. Tous les matricules sont appelés, un à un, et chaque interné répond à l'annonce du sien.

Mais soudain, un silence. Le maton répète une seconde fois l'immatriculation précédemment citée. Personne ne répond.

Il en manque un… Plusieurs gardiens arrivent en courant et commencent à circuler entre les rangs parfaitement ordonnés. Ils comptent encore et encore en vérifiant les numéros sur les chemises. Deux prisonniers, finalement, ne répondent pas à l'appel. Une évasion, ici, c'est une catastrophe.

« Personne ne doit sortir vivant de cet endroit. » Ce furent les mots de la ministre, quand Homes a pris son poste ici. Les gardes frappent les détenus de leur matraque, les interrogent sur cette fuite. Sa tasse de café à la main, Homes descend dans la cour et intime un nombre incalculable d'ordres à ses sous-fifres. Les maîtres-chiens sont sur le qui-vive, leurs animaux en furie au bout de leur laisse, prêts à broyer des chairs, à mastiquer des fragments d'os. Tous les sujets finissent par être regroupés dans une bâtisse en pierre sous la surveillance de plusieurs matons. Puis le portail d'entrée du camp s'ouvre. Des dizaines de miliciens à l'air contrarié s'agitent et courent chacun dans une direction bien précise afin de retrouver les deux fous qui ont osé s'échapper.

C'est à ce moment, avec plusieurs heures d'avance, que la ministre a décidé d'effectuer une arrivée surprise. Homes en renverse son café. La tasse encore fumante tombe sur les graviers et souille son pantalon beige en coton. Le véhicule blindé noir se gare devant l'entrée du bâtiment bleu, celui des sanitaires communs, dont s'échappe comme à l'accoutumée une odeur nauséabonde. Oumarov sort de la voiture, grimace en reniflant l'air et lisse son tailleur sombre d'un coup de main avant de se diriger vers le médecin chef responsable du centre.

— Homes, bonjour, dit-elle en lui tendant la main. Quelle est la raison de cette agitation ?

Le scientifique lui rend une poignée de main molle, le regard fuyant, se demandant ce qu'il va bien pouvoir inventer pour se sortir de cette situation soudainement périlleuse pour lui.

— Deux sujets manquent à l'appel, madame la ministre, dit-il en baissant la tête, mais nos soldats sont à leur recherche, ils n'ont pas pu aller bien loin puisqu'ils étaient encore dans leur clapier ce matin. Les chiens vont flairer ces vermines, les pister en moins de deux et les réduire en charpie, n'ayez crainte.

— « N'ayez crainte », répète-t-elle en mimant les guillemets. Vous vous fichez de moi, Homes ? Comment des êtres aussi misérables ont-ils pu échapper à la surveillance de tous ces vigiles ? Retrouvez-les ! Et vite. Je vous attends en salle de réunion, nous avons des choses à nous dire mais surtout un bilan à établir, le vôtre, sur l'avancée de vos travaux qui nous coûtent assez cher comme ça, vous en avez bien conscience, non ?

— Parfaitement, madame la ministre Oumarov.

Elle le scrute de la tête aux pieds et s'avance vers la porte d'entrée du bâtiment. Homes vient d'être ridiculisé en public par sa supérieure. Son orgueil est intimement touché, atteint au plus profond, il jette un coup d'œil autour de lui. Les hommes du camp le fixent avec gêne. Il interpelle Kerim, leur chef :

— Votre manque de sérieux risque de nous coûter très cher. Vous semblez avoir oublié pourquoi vous êtes ici. On ne vous paye pas à déambuler pour passer le temps ou à vous amuser. Trouvez ces vermines ! Et quand elles seront entre vos mains, prévenez-moi, je m'en occuperai personnellement.

Sans attendre de réponse, Homes se dirige vers la salle de réunion où Izaket Oumarov l'attend. Elle est déjà assise, ses dossiers et son ordinateur ouverts devant elle. Elle se tient droite et ignore presque le médecin chef quand il entre. Elle lui désigne une chaise du menton, le fixe de son air glacial et lui demande de dresser son bilan. Homes, quelque peu nerveux, se saisit fébrilement des divers dossiers.

— Je n'ai pas d'éléments concrets à vous apporter, madame la ministre, mais nous continuons nos recherches, bien sûr. Les études des organes, après autopsie, ne montraient pas de réels dysfonctionnements. Mais malgré ça, nous avons continué nos investigations. Je pense que nous allons devoir nous attaquer à l'analyse de leurs cerveaux, afin de déceler d'éventuelles malformations.

Oumarov se raidit et pince ses lèvres maquillées de rouge carmin avant de répondre :

— Homes, vous êtes français, c'est bien cela ?

— Oui, madame. Enfin, plus vraiment, j'ai obtenu la naturalisation il y a de nombreuses années.

— Savez-vous que votre République cautionne les actes de ces parasites ? répond-elle en ignorant sa réponse. Ils peuvent vivre en toute impunité sur leur territoire. Ils ont un travail, profitent d'une couverture sociale et d'allocations. Ils ont droit à un logement décent et peuvent aller et venir comme bon leur semble. Ils peuvent endoctriner des jeunes gens avec leurs idées perverses sans que la justice de votre gouvernement agisse. Partout, dans les écoles, les prisons… Ils ne sont même pas mis à l'écart ! Ils peuvent se socialiser à souhait, dans la vraie vie mais aussi sur les réseaux sociaux où des centaines d'individus finissent par tomber dans leurs filets. La France et toute l'Europe…

Ce sont eux qui ont ouvert les portes de l'enfer ! Nous, nous souhaitons protéger notre nation, car ces terroristes sont capables de tout !

Elle tape du poing sur la table et se lève. Homes veut intervenir mais elle ne lui en laisse pas le temps et reprend :

— Des témoins des traques ont parlé. L'Europe a eu vent de nos pratiques et s'insurge, prétextant que les droits de l'homme sont, je cite, « bafoués » ! Bientôt l'Onu va vouloir se mêler de tout ça… Alors, vous me trouvez l'anomalie, il y a forcément quelque chose, un mal profond ou une maladie qui les pousse à être ce qu'ils sont.

Sa tirade est interrompue par trois coups brefs frappés à la porte de la salle. Kerim se dresse sur le seuil après en avoir reçu l'autorisation.

— Docteur, madame la ministre, dit-il en inclinant légèrement la tête, nous avons retrouvé les deux fuyards. Ils étaient cachés derrière des buissons avec de l'eau et des légumes, sûrement volés à la ferme, et ils attendaient que l'agitation retombe pour poursuivre leur fugue.

— Très bien, dit la ministre avant de se tourner vers son interlocuteur. Homes… Vous allez pouvoir me montrer comment vous faites régner l'ordre et la discipline au sein de cet établissement. Allons-y !

CHAPITRE 12

Nous sommes parqués depuis une heure environ dans cette salle immense située au rez-de-chaussée du bâtiment, le travail n'a pas commencé. Pendant l'appel, il semblait manquer quelqu'un. Des palachs sont passés dans les rangs, nerveux, et ils ont frappé certains d'entre nous à coups de matraque. Je n'ai rien compris à ce qui arrivait, leur dialecte m'étant étranger, je ne peux qu'attendre. Sylvain, lui, reste prostré dans ce coin de mur. Il paraît encore sous le choc de sa dernière punition et marche avec difficulté. Il n'a rien compris non plus au spectacle de tout à l'heure. Une grande fenêtre est ouverte, l'air froid me donne la chair de poule. J'ai vu une voiture noire pénétrer dans l'enceinte du camp et une femme blonde en sortir. Elle paraissait en colère contre Homes… Je m'assieds près de mon ami et tente de le rassurer.

— Sylvain, dis-moi ce que je peux faire…

— Terroriste, articule-t-il.

— Quoi ?

Il m'explique qu'avant d'atterrir ici, quand il était encore en Belgique, il a ressorti ses cours de russe du lycée. Qu'avec sa femme et ses filles, ils s'étaient amusés à prononcer des mots russes…

Je fronce les sourcils en l'observant, je commence à ne plus rien comprendre à ce qu'il me raconte.

— Cherche pas, ce doit être notre humour belge. Mais là, poursuit-il avec un air conspirateur, crois-moi, pas besoin d'avoir appris ce mot pour le comprendre. Il est quasi semblable à la prononciation française. Tu te souviens de tous les mecs qui sont arrivés hier ? Eh ben, les palachs, ils leur disaient ce mot, en boucle, en les frappant, bien entendu. J'avais déjà cru l'entendre sans en être certain. Mais là, ils étaient à côté de moi, je l'ai très distinctement entendu. Je ne t'en ai pas parlé avant, mais je pense que, maintenant, je dois le faire : Marius, nous sommes des terroristes pour eux.

— C'est ridicule... Je n'ai jamais eu le moindre lien avec un réseau à caractère terroriste. C'est impossible ! Pourquoi n'avons-nous pas eu le droit de contacter notre ambassade, comme dans les films ? Les prisonniers, même ennemis, peuvent passer un coup de fil, non ?

— On n'est pas dans un film, Marius, redescends sur terre, nous avons perdu tous nos droits. Mais je te le dis, j'ai bien entendu, parfaitement compris, ils ont bien dit « terroristes ».

— Je vais en parler au médecin, Sylvain... J'ai un peu discuté avec lui hier, il va me dire où se trouve Camille ! Faut juste que je...

Trois palachs entrent dans la salle et nous poussent vers la sortie avec leurs gourdins. Le bagnard qui me précède s'emmêle les pieds, sans doute à cause de ses souliers trop grands, comme ceux de tout le monde ou presque ici, il tombe à terre et reçoit une balle en pleine tête comme dernier châtiment. Le sang a giclé sur mes sabots et sur le tissu de mon pantalon rayé. Des morceaux de cervelle jonchent à présent le sol et le liquide rouge se déverse à mes pieds à une vitesse folle. En quelques secondes, une flaque imbibe mes semelles. Mais je suis vite ramené à la réalité par l'arme pointée sur ma tempe et par Sylvain qui me supplie d'avancer, d'ignorer ce que je viens de voir.

Nous sommes alignés au centre de l'immense cour et il y a deux hommes, habillés avec le même uniforme que nous, sûrement les fugitifs. Leur mine est sombre, affolée, et du sang coule le long de leur crâne. Homes apparaît alors, suivi de près par une femme, assez petite, les cheveux blonds remontés dans un chignon soigné et les lèvres maquillées, celle que j'ai vue sortir de la voiture tout à l'heure. Elle nous observe avec mépris mais plus elle se rapproche et plus je lis de la peur dans ses yeux, comme si nous étions tous des êtres dangereux. Elle prend soin de garder ses distances et elle se protège la bouche de la main avec une grimace de répulsion, comme si nous étions des parasites ou que le seul fait de nous approcher pouvait la contaminer. S'ensuit un dialogue auquel je ne comprends pas un traître mot puisqu'une fois de plus, je pige absolument que dalle à cette fichue langue.

Les deux héros du jour s'avancent vers les rangées de cobayes et en choisissent un chacun pour les raccompagner au centre de la cour. Quatre individus donc, sont face à nous. Homes les oblige à s'allonger et adresse un signe de la tête aux maîtres-chiens. Puis l'impensable, une fois de plus, se produit sous mes yeux. Deux bergers allemands et deux malinois, des races que j'aimais tant jusqu'ici, se mettent à courir, à aboyer et à grogner en direction des quatre malheureux. Ils arrivent à une vitesse tellement vertigineuse que les fuyards et leurs compagnons de châtiment n'ont pas le temps de réagir. Les cerbères se ruent sur l'entrejambe des prisonniers et mordent avec férocité leurs parties génitales. Les gémissements sont absolument terrifiants, abominables et l'écho de leurs déchirements défonce mes tympans. Je ferme les yeux et me bouche les oreilles.

Kerim éprouve un malin plaisir à m'arracher les mains des oreilles, unique écran contre ces hurlements, et à me forcer à reluquer l'attraction du moment en gardant sa matraque sous mon menton. Les mâchoires féroces des bêtes maintiennent leurs prises entre leurs crocs acérés en secouant leurs gueules de droite à gauche. Les martyrs, eux, continuent de hurler, tentent de se débattre, donnent des coups de pied aux molosses. Mais rien ne semble pouvoir empêcher ces monstres tout droit sortis d'un film de science-fiction d'exécuter l'ordre qu'on leur a donné. Les chiens viennent d'émasculer les quatre types et repartent près de leurs maîtres en remuant la queue, avec les couilles entre les dents, les babines pleines d'hémoglobine. Les suppliques des condamnés sont encore audibles, nous sommes tous impuissants et je prie le Seigneur, s'il y en a un, de mettre un terme à leurs souffrances. Homes s'approche d'eux et leur déverse dessus un bidon d'essence avant d'y lancer une allumette d'un geste théâtral, le sourire aux lèvres. Nous sommes abandonnés dans ce lieu de ténèbres et de profond désespoir, forcés à être les témoins de cette crémation et à écouter l'agonie des martyrs jusqu'à ce que la fumée asphyxie leurs poumons. Pendant ce temps, Kerim parle à la faction en pointant du doigt les défunts à demi calcinés. Homes s'approche de Sylvain et de moi et nous traduit d'un air sadique :

— Voilà ce qui arrive à ceux qui veulent fuir cet endroit sans autorisation. Ils sont exterminés et désignent chacun un codétenu pour les accompagner dans leur dernier voyage. Dorénavant, tout acte de révolte sera puni de mort. Vous êtes tous des terroristes et vous devez vous conformer au règlement de ce camp. Vous purgez une peine à perpétuité, acceptez votre sort !

Je murmure :

— Nous ne sommes pas des terroristes…

Un violent coup dans les maxillaires m'arrache une dent et le goût du sang envahit ma bouche.

— Tais-toi, et ne parle que si tu en as l'autorisation !

Homes repart, il ne semble plus avoir le moindre intérêt pour nous. Il reconduit la femme blonde jusqu'à son véhicule qui quitte alors la cour dans un nuage de poussière. Je n'ai pas réussi à retenir ma vessie, qui se déverse le long de mes jambes, ni mes larmes, qui inondent mes joues. Le désespoir m'envahit.

Les corps continuent de griller sur place. Une fois la voiture suffisamment éloignée, chacun de nous se rend à son poste de travail, le cœur lourd, se déplaçant comme un robot programmé pour se soumettre à tous les ordres reçus de ces détraqués.

CHAPITRE 13

Les détenus ont repris leurs postes de travail dans un silence de mort. Homes repense à son entrevue avec la ministre. Cette garce d'Oumarov ne doit son statut qu'à la notoriété pour le moins très influente de son cher papa, qui a activé son réseau de relations pour que lui soit attribué un poste de qualité en politique, domaine d'habitude exclusivement réservé aux hommes dans ce pays. Elle prend Homes de haut et ne l'a jamais considéré comme un compatriote alors qu'il a été naturalisé plusieurs dizaines d'années auparavant. Elle se croit supérieure, du haut de son mètre cinquante alors que, s'il le veut, Homes pourrait lui décrocher la mâchoire d'un simple revers. Il imagine parfaitement ce qu'il pourrait lui faire subir. Après tout, les pétasses dans son genre ont peut-être aussi une anomalie génétique – qui pourrait être contagieuse, de surcroît.

De plus en plus soucieux, il a ce tic nerveux de balancer son pied de droite à gauche. Dans ces moments-là, il le sait, pour se détendre, il repense à tout ce qu'il a entrepris tout au long de son existence de scientifique. Par la fenêtre, il peut apercevoir la ferme proche du camp. Les prisonniers y cultivent des légumes et y élèvent des poules, des moutons, des chevaux et des vaches laitières pour la cuisine du centre. Son enfance à la campagne lui revient alors en mémoire, comme par flashs, alors qu'il a toujours mis un point d'honneur à oublier tout ce qui le rattachait à sa vie en France.

Il était brillant en biologie. Un jour, après les cours, il s'était rendu à la bibliothèque de la ville la plus proche, avait cherché des heures durant, même dans les sections normalement réservées aux adultes, des manuels qui pourraient lui permettre de comprendre les pratiques de la médecine. Il avait trouvé et emprunté un ouvrage intitulé *L'Expérimentation animale : ce qu'elle nous apporte*. L'ouvrage était poussiéreux et les pages jaunies par le temps. Peu de personnes avaient dû s'en soucier, mais lui, il voulait tester, manipuler, savoir. Il l'avait lu en une soirée, en cachette de ses parents, et avait été fasciné par les découvertes qui avaient pu être faites grâce à ces expériences.

Une des chattes de la famille avait eu une énième portée. Julien avait épargné un chaton pour travailler dessus. Il avait cassé une de ses frêles pattes, et le craquement lui avait procuré une telle satisfaction au moment où le chaton avait miaulé de douleur qu'il avait fait pareil avec les trois autres. Il avait pratiqué le traitement opératoire d'une fracture osseuse, il avait endormi le petit animal avec de l'éther et avait ouvert, à l'aide d'un couteau subtilisé dans la cuisine de sa mère, les chairs de l'animal. Cela avait été un échec, un de plus, le chaton était mort. Julien avait été incapable de gérer l'hémorragie de son cobaye, et le chaton s'était vidé de son sang. Il s'était ensuite amusé à reproduire des castrations sur des espèces de toutes sortes, mais toujours sous anesthésie, et plus il pratiquait, plus il excellait. C'est son père qui avait remarqué un jour que des bouteilles d'éther dont il ignorait la provenance étaient stockées dans un coin de la grange. Il avait mené son enquête et avait surpris Julien en pleine opération. Il l'avait emmené voir des spécialistes. Il était convaincu que son fils était possédé par le diable. Désespéré, il avait même contacté un exorciste. Mais Julien avait continué inlassablement toutes ses macabres manipulations sur les animaux. Le jour où Homes avait annoncé à son père qu'il suivrait des études à la faculté de médecine, il avait été renié et mis à la porte de l'exploitation, sans préavis. La suite, il ne voulait plus y penser.

Homes émerge de ses souvenirs et se dirige vers les différents cachots où les nouveaux spécimens ont été entassés dans l'attente de leurs matricules. Il les inspecte un à un, et déjà plusieurs d'entre eux attirent son attention : l'un est atteint de nanisme, un autre d'hétérochromie, et puis il y a ces jumeaux monozygotes. Il demande à Kerim de sortir ces quatre nouveaux-là, de les faire passer à l'étape de la douche et de les installer dans son laboratoire.

Le gardien lui apprend que seul un des frères est soupçonné de terrorisme, que l'autre est normal, mais que dans le doute, ils ont pris les deux. Homes pense qu'il va pouvoir effectuer des comparaisons comme il n'a jamais eu l'occasion d'en mettre en œuvre jusqu'alors. Les jumeaux monozygotes partagent le même patrimoine génétique, ils ont les mêmes groupes sanguins et tissulaires, ce qui permet les transfusions, les transplantations ou les greffes d'organes avec moins de risques de rejet. Il imagine avec jubilation avoir trouvé la solution, ou une partie de l'aboutissement de ses recherches… Il va analyser leurs organes, les comparer, les échanger, et si les tests sont concluants, il pourra peut-être reproduire, cloner tous ces organes à l'infini et les implanter sur tous les malades du centre. La ministre devra reconnaître la suprématie de ce savant qui aura vaincu le terrorisme qui envahit leur pays. Il sera accueilli en héros par le président et la nation tout entière. Il aura enfin sa revanche sur la vie. Mais il va devoir travailler jour et nuit. Il lui faut trouver un assistant qui va surveiller ces deux sujets quand lui sera occupé à d'autres travaux.

Il repense alors au sujet qu'il a dégoté dans un bar à Grozny et ramené ici, celui qui était prêt à tout pour retrouver « sa moitié ». Cet individu pourrait bien coopérer avec eux, devenir leur collaborateur infiltré. Les hommes seront tous dans la même cellule, pour être sûr de ne passer à côté de rien. Homes cherche dans ses dossiers le matricule de celui auquel il pense… HS 7244, il est certain qu'il sera prêt à tout pour retrouver la personne qu'il cherche, il l'a vu dans son regard et compris dans son entêtement à la réclamer. Il va le pousser à devenir un bourreau contre son gré. Il suffira de lui faire espérer des retrouvailles et il trahira les siens. Une expérience inédite qu'il se gardera bien de partager avec ses confrères, il veut la gloire pour lui et lui seul. Et puis, c'est bien lui qui est allé chercher ces deux Français dans le bar où ils avaient été préalablement repérés au sein d'un groupe de touristes. Lui seul pouvait s'y rendre car il était l'unique personne à parler leur langue et donc à pouvoir les manipuler pour qu'ils le suivent. Il avait beaucoup aimé les voir tomber dans ses filets lors de cette soirée. Ils sont les seuls cobayes qu'il a lui-même ramenés ici.

Ses marionnettes sont sélectionnées, maintenant alignées face à lui, le crâne rasé et la douche donnée. Les questions affluent dans sa tête, il se penche vers l'infirmière qui vient d'arriver près de lui et lui demande de prendre des notes sur tout ce qu'il espère entreprendre avec eux. Son esprit est en pleine ébullition, il les fixe intensément, en particulier deux d'entre eux…

— Ces jumeaux, murmure-t-il, sont un cadeau du ciel.

CHAPITRE 14

Je suis toujours sous le choc de ce qui a été infligé aux déserteurs. J'ai beau forcer mon esprit à repousser ces terribles images, rien n'y fait. Même le fait de penser à Camille ne me calme pas. D'après ce que m'a dit Sylvain, ils nous soupçonnent d'être des terroristes, d'appartenir à un groupe. Après les attentats du Bataclan, Camille et moi nous étions rendus place de la République pour montrer, que non, nous n'avions pas peur. Et puis nous avions allumé une petite bougie et déposé chacun une rose blanche en hommage à ces pauvres victimes. Je me souviens d'avoir consolé Camille qui larmoyait en découvrant les visages des personnes achevées sous les balles des kalachnikovs de ces détraqués. Camille est très sensible, trop, et l'a toujours été d'ailleurs.

Comment peuvent-ils penser que je suis un des malades endoctrinés par ces idées extrémistes ? Je n'ai jamais consulté le moindre site terroriste. J'ai toujours été indigné de tous ces attentats et j'ai même partagé sur les réseaux sociaux les chaînes de solidarité.

L'alarme retentit pour nous rappeler que c'est la pause déjeuner. Nous nous installons en groupes restreints autour des palachs assis devant une table en bois massif pour prendre leur repas. L'odeur délicieuse d'une soupe titille nos papilles. Je reconnais le parfum d'une soupe de poireaux, pommes de terre et carottes. De là où je suis, je peux même voir la texture de ce mets, un velouté appétissant auquel les palachs ajoutent de délicieux croûtons de pain à l'ail.

Un détenu arrive en retard, claudiquant avec une paire de béquilles de fortune. Je le reconnais, c'est lui qu'on a charcuté à côté de moi à l'infirmerie. Lorsqu'il passe près de Kerim, ce dernier laisse volontairement tomber son assiette et tend légèrement son pied devant le pauvre homme, ce qui, naturellement, provoque une chute. Aussitôt la bande de fumiers se met à glousser d'un rire gras, écœurant. Un nouveau spectacle commence, je le comprends quand ils se lèvent tous et l'encadrent sadiquement. Kerim le force à lécher le sol en maintenant sa tête par terre de force. Comme leur jouet refuse d'obtempérer, Kerim ouvre alors le bouton de son pantalon, très vite imité par ses semblables, et ils urinent sur leur nouvelle attraction. La victime du jour se protège le visage et vomit de la bile. Ils écrasent leurs mégots de cigarettes sur son torse. Il pleure, les supplie d'arrêter. Je le vois lever les yeux au ciel en murmurant des mots qui semblent être ceux d'une prière.

Et c'est une agression, une nouvelle qui se déroule sous nos yeux presque blasés. J'ai l'impression d'avoir déjà tout vu et tout entendu du côté obscur de l'être humain. Que ma vie normale me semble loin ! Dire que j'osais me plaindre pour des futilités… L'unijambiste est maintenant complètement allongé, faible, désarmé et il a cessé de hurler. Tous les palachs sont alignés en file indienne et prennent de l'élan pour lui frapper la tête de leurs pieds. Ils doivent s'imaginer dans la peau d'une star du ballon rond sur le point de tirer le penalty décisif d'une rencontre tant ils frappent fort dans sa boîte crânienne.

Plus aucun son ne sort de sa bouche au moment où un des gardiens lui retire son pantalon et le couche, ventre à terre, au milieu de la pisse, de son sang et de sa bile, baignant dans la soupe.

Deux autres vigiles viennent le maintenir et relèvent légèrement le bas de son corps avant que le premier garde ne le sodomise avec sa matraque. Le bagnard ne se débat pas, il ne bouge même plus. Ses yeux sont ouverts, mais éteints. Il n'a plus de clignements de paupières. Sa bouche est entrouverte et sa langue pend sur le côté. Son visage est déformé et maculé de ce liquide rouge que je ne peux plus voir. Une fois la matraque extraite de son anus, tous les palachs lui crachent dessus et retournent s'asseoir pour trinquer à cette nouvelle mise à mort. C'est l'alarme, celle qui nous robotise et rythme nos journées, qui retentit pour sonner notre délivrance temporaire. Je me lève alors, comme une marionnette, celle que je suis devenu ici.

Je me sens observé. J'ai le sentiment d'être surveillé, épié. Je lève la tête et aperçois Homes, le docteur de la mort, qui nous fixe. J'ai même l'impression qu'il me fixe, moi et uniquement moi. Est-ce que je deviens paranoïaque ? Il y a de quoi le devenir de toute façon. Mais j'ai peut-être raison. Deux hommes m'attrapent et me soulèvent soudainement de terre. Je me débats, je cherche du regard Sylvain qui, lui, fixe ses pieds. Je ne veux pas devenir leur prochain pantin. Les chiens approchent, grognent et montrent leurs crocs. Ces cabots sont les gardiens inflexibles du monde des enfers, ils doivent être croisés avec des hyènes ou des descendants de Cerbère. Leur furie me dissuade d'essayer d'échapper à mon sort et je me laisse tomber dans les bras des palachs qui me traînent en prenant soin de frôler les cannibales à quatre pattes. Je passe devant ma cellule – ou plutôt devrais-je dire notre cellule – car depuis hier nous partageons la même avec Sylvain. La nuit a été agitée, il a repris connaissance au lever du jour mais il a passé la nuit à se débattre dans le vide et à marmonner des mots inaudibles, sûrement encore traumatisé des coups reçus la veille.

Nous arrivons devant une porte en bois massif, et après que le gardien eut frappé trois coups pour se faire ouvrir, je me retrouve face à Homes. Il m'invite à entrer et à m'installer dans le profond fauteuil qui trône devant son bureau de marbre. Les geôliers qui m'ont conduit ici, eux, ne sont visiblement pas conviés à notre entrevue. Je m'assieds sur le rebord du siège par crainte de le salir. Le médecin met de l'ordre dans ses dossiers, il ne parle pas, on dirait qu'il veut encore jouer davantage avec mes nerfs. Il ne me dit pas la raison de mon rendez-vous. L'angoisse est trop forte et je me permets de prendre la parole :

— Docteur, écoutez, je ne suis pas un terroriste, Sylvain non plus, vous vous êtes trompés de cible et…

— Tais-toi ! Je ne t'ai pas donné l'autorisation de parler, dit-il en frappant du poing sur la table.

Son visage est rouge de colère et les veines ressortent sur ses tempes. Il déglutit et me scrute avant de poursuivre :

— La personne que tu cherches, rappelle-moi son nom.

— Camille !

Je l'ai presque hurlé. Une joie immense envahit mon cœur à l'idée de pouvoir retrouver mon amour perdu.

— C'est Camille, Camille Aldi. Trente-cinq ans, les yeux bleus et les cheveux roux, coupés court, des taches de rousseur sur…

— Calme-toi ! Je ne t'ai pas demandé sa fiche d'identité et encore moins d'établir un portrait-robot ! Je t'ai juste demandé son nom. Si tu veux que je retrouve cette personne, tu devras accepter de collaborer avec moi, comme je te l'ai déjà expliqué l'autre jour à l'infirmerie. Parce que, tu comprends, je vais devoir prendre des risques en engageant ce genre de recherches, alors, les informations que tu demandes ne seront pas gratuites.

Je sais que je devrais lui dire non, que je suis en train de pactiser avec le diable. Mais je dois m'y résoudre, pour Camille, pour moi, pour notre amour… Je tends alors ma main vers la sienne pour lui signifier notre accord.

— Vous avez ma parole, dites-moi ce que je dois faire pour retrouver Camille.

Le médecin fixe ma main et la serre avec dégoût, avant de s'essuyer sur sa blouse blanche.

— Dites, docteur, vous pensez que je pourrais prendre une douche, une vraie, je veux dire ? J'ai eu quelques incidents, des petites fuites urinaires depuis que je suis arrivé ici. Et je commence à avoir des boutons bizarres là, sur le bas du ventre.

— C'était prévu, HS 7244, c'était prévu, me répond-il d'un sourire pathétiquement hypocrite qui, tout de suite, me fait regretter ma demande.

CHAPITRE 15

Les quatre hommes sont alignés face au docteur Homes. L'agitation et l'excitation des dernières heures ont donné chaud au médecin. Il se dirige vers la haute fenêtre blanche en PVC et l'ouvre entièrement. Il s'avance vers le plus grand de ses futurs cobayes, celui atteint d'hétérochromie, et commence à inspecter ses yeux avec fascination. Une de ses cornées est vert émeraude, tandis que l'autre est d'un bleu presque turquoise, avec une minuscule tache noisette près de la pupille. Il lève trois doigts face au sujet et lui demande combien il en voit. L'homme ne répond pas, il se contente de fixer le scientifique avec toute la haine et la provocation dont il est capable.

— Combien de doigts vois-tu ? Tu es un crétin, en plus de semer la haine et la honte autour de toi ?

Toujours le silence. Puis l'homme dresse le poing, relève son majeur parfaitement tendu sous le nez du médecin et se décide enfin à prendre la parole :

— Et toi ? Tu vois à quel point je t'emmerde ou pas ?

La lame du scalpel de Homes qui entaille le haut de sa joue le fait hurler de douleur.

— Un rebelle… Intéressant… ! Tu vas comprendre les règles de ce centre, sale vermine ! éructe le médecin en le poussant et en le frappant à terre.

L'homme se relève en faisant pression sur la coupure et en protégeant son œil qui commence déjà à gonfler. Il sait ce que le médecin compte faire de lui. Il a la faculté de lire sur les lèvres, puisqu'il est malentendant depuis de nombreuses années suite à un accident de la route. Et ce qu'il y a lu auparavant l'horrifie. Le docteur est maintenant dos à lui, et les trois autres détenus le fixent, terrifiés. L'homme parcourt la pièce des yeux, de ses yeux si particuliers, et dans un geste fou, court vers la fenêtre ouverte. Personne ne peut l'arrêter dans son élan et le bruit sourd de sa chute rebondit jusqu'entre les murs de la pièce. Homes se précipite à la fenêtre et constate le décès. La colère le gagne, il vient de perdre bêtement un sujet qui avait une particularité rare. Il aurait tellement aimé étudier son cas, sa différence. Mais surtout, il aurait aimé lui faire payer son affront. Tant pis, il récupérera les yeux et en inspectera toutes les parties. Il ordonne alors aux gardiens de monter la dépouille dans la chambre froide près de son laboratoire. Puis il ferme la fenêtre, un suicide étant bien assez suffisant pour la journée. Surtout compte tenu de ce qu'il réserve aux trois autres cobayes toujours plantés derrière lui. Il les renvoie.

Après s'être assuré qu'ils étaient enfermés et en sécurité dans leur cellule, Homes se dirige vers une porte noire qui ouvre sur une grande salle au revêtement de pierre, avec en son centre une large baignoire en fonte émaillée, pleine d'eau et de glace. Le sujet HS 7244 entre, son dossier en main, encadré de deux gaillards. Il sent l'urine à plein nez, la crasse recouvre son épiderme, Homes l'avait constaté lors de son dernier passage à l'infirmerie, et le bas de son pantalon est maculé de sang séché.

— Tu as demandé une douche, je t'offre un bain ! Mais un bain de glace… Même si tu vas collaborer avec moi, cela n'empêche pas que je doive poursuivre mes expérimentations sur les individus de ton espèce… Aujourd'hui, je vais tester ta résistance au froid.

Marius est sorti du bain quand sa température atteint trente degrés et qu'il a perdu connaissance. Il est transféré dans une pièce où il est réchauffé progressivement. Un large lit l'attend ainsi qu'une couverture chauffante qui est branchée depuis déjà de longues minutes. Le docteur Homes reste près de lui, le temps de s'assurer qu'il ne perdra pas un nouveau cobaye aujourd'hui. Surtout ce sujet-là… pense-t-il. Un homme prêt à tout pour retrouver ce qui compte le plus au monde pour lui.

CHAPITRE 16

Sylvain est seul dans la cellule qu'il partage désormais avec Marius. Quoi de plus réconfortant qu'une présence humaine pour soulager un exil si atroce ? Il n'a jamais été un solitaire, c'est significatif des Poissons, son signe astrologique, paraît-il. Il pense à Laurence et aux nombreuses années où il s'est voilé la face, où il s'est complu dans son rôle de mari idéal et de père de famille comblé, toutes ces années où il est resté, pour les filles, et aussi pour ne pas être seul, pour ne pas avouer son échec. Par amour aussi, car il l'aimait encore, même si la complicité au sein de son couple avait disparu. La fichue routine s'était installée inexorablement au fil des années, et le grain de folie qui au début définissait leur duo insolite partait à la dérive. Il fallait voir la réalité en face. Un rapport sexuel par mois, pas de caresses, pas de jeux érotiques, toujours les mêmes positions : la levrette ou le missionnaire. Il aurait adoré l'attacher ou lui bander les yeux… La brutaliser un peu, une petite fessée par-ci par-là, lui tirer légèrement les cheveux, lui mordre les seins, ou encore la pénétrer avec force. Mais, non, Laurence ne voulait rien de tout cela. Il s'était alors retranché dans son travail.

Des claquements de pas d'abord. Ceux d'un palach… Il reconnaîtrait le battement régulier des bottes de ces détraqués n'importe où. Leur marche est tellement régulière ! Tac, tac, tac : cela lui rappelle les fois où sa grand-mère racontait que, pendant la Seconde Guerre mondiale, ils entendaient et reconnaissaient les Allemands arriver de loin rien qu'au rythme et au bruit de leurs bottes. Une marche militaire.

Il est interrompu par le bruit des clefs qui tournent dans la serrure. Sylvain s'attend à ce que ce soit Marius qui franchisse le seuil de la porte. Il ne l'a pas revu depuis qu'il a été emmené par deux gardiens après la nouvelle mise à mort d'une victime. Au lieu de ça, deux détenus aux chevilles menottées entrent dans la misérable pièce. Ils sont grands, musclés, ils se ressemblent fortement. Des jumeaux, sans aucun doute. Une fois dans la cellule, Kerim détache les chaînes qu'ils portent aux pieds, se retourne et leur jette un matelas moisi et couvert de traces suspectes, sur lequel des araignées se baladent déjà librement. Les deux hommes ont une carrure très imposante et pourraient facilement mettre Kerim au tapis d'un bon coup de poing en pleine tronche. L'un d'eux est assis, les genoux remontés contre la poitrine, il a le regard voilé, soumis, comme s'il se savait déjà perdu. L'autre est debout devant son double, dans une position de protection. Il fixe Kerim avec affront, la tête haute et les poings serrés si fort que les muscles de ses bras tremblent de rage. Un combat de coqs est sur le point de se jouer, là, sous les yeux de Sylvain qui perçoit l'extrême agressivité de ces hommes.

Mais Homes arrive, suivi de près par Marius. Il sépare les deux adversaires en se faufilant entre eux. Marius a les lèvres bleues et il claque frénétiquement des dents, ayant perdu tout contrôle de sa mâchoire. Il s'approche de son lit de fortune comme un robot et s'allonge en position fœtale sur son matelas. Le médecin s'avance un peu dans la pièce et prend entre ses mains les différents dossiers en expliquant que dorénavant, plus personne ne pourra garder le sien avec lui – ordre de la ministre.

La porte se referme et Sylvain se rue sur son ami. Il comprend ce que le médecin l'a obligé à vivre, car il a subi les mêmes tortures. Il prend alors sa couverture trouée par les mites et recouvre le corps frêle de Marius. Il lui caresse le crâne puis le soulève et le plaque contre lui en espérant que sa propre chaleur réchauffera son compagnon de bagne. Marius le fixe, plein de reconnaissance pour ce court moment de réconfort :

— Sylvain, j'ai vu Camille… Il y avait une grande lumière et les traits de son visage me sont apparus. J'ai pu serrer sa main et poser mes lèvres au coin de sa bouche…

— Marius, tu pars en vrille, mec, tu as eu une hallucination. Moi aussi quand ils ont testé ma résistance au froid j'ai cru voir des choses, des personnes importantes dans ma vie. Et regarde… Je suis toujours là.

Marius et Sylvain sursautent : l'exclamation d'un des deux nouveaux détenus les sort de leur conversation. Le plus coriace d'entre les deux nouveaux détenus frappe contre la porte métallique. Même les cafards courent se cacher dans le trou du coin du mur. Sylvain se redresse prudemment et fait un geste des mains pour signifier à l'homme de rester calme. Il se lève et pose avec beaucoup de délicatesse les doigts sur son épaule, puis lui conseille doucement de s'asseoir. Il lui tend le bras et se présente à la façon de Tarzan dans le célèbre film. Il faut dire qu'avec ses filles, Lola et Louise, il en a mangé, des dessins animés !… Pour une fois, il rirait presque de la situation…

Dès que les codétenus sont un peu plus en confiance, un dialogue, timide, commence à s'instaurer en anglais.

Naourbi est le plus rebelle des deux, c'est celui qui a tenu tête à Kerim. Celui qui reste dans son coin s'appelle Said. Ils sont nés ici et travaillent ensemble, dans la ferme familiale. Les présentations sont interrompues par l'ouverture de la trappe au centre de la porte, qui livre le repas du soir, le fameux bouillon dans lequel baignent, les jours de chance, quelques minuscules morceaux de légume. Pas ce soir, malheureusement. Mais il est chaud et a le mérite d'apporter un peu de réconfort à Marius. Les quatre acolytes prennent leur plateau et mangent en silence. Aucun d'entre eux n'ose ensuite le briser, jusqu'à ce que l'alarme, celle de vingt et une heures trente qui annonce l'extinction des feux, ne retentisse.

Sylvain et Marius se couchent sous leur maigre couverture et s'endorment épuisés de la journée d'horreurs et de tortures qu'ils ont vues et subies. Said regarde son frère qui lui fait signe de s'allonger et de dormir. Naourbi, lui, reste debout prêt à défoncer le crâne du premier fou qui osera les toucher, son frère ou lui. Il scrute le couloir par l'étroite fenêtre de la porte et distingue l'homme qu'il a tout à l'heure affronté du regard. Il frappe contre la paroi de verre et lui fait signe de le laisser sortir. Kerim lui fait un doigt d'honneur puis passe les doigts le long de son cou en signe d'avertissement. Il éteint les lumières du couloir, plongeant ainsi le bâtiment et ses cobayes dans un noir anxiogène.

CHAPITRE 17

Je me réveille, le corps encore meurtri par mon récent bain. Je ne risque pas de redemander une douche de sitôt ! J'ai mal à la gorge, le nez qui coule et je sens que la fièvre s'empare de moi… L'alarme qui sonne au travers du bâtiment me rappelle pourtant que je vais devoir travailler. Naourbi et Said, nos nouveaux compagnons de cellule, se relèvent en sursaut. Le plus rebelle des deux, Naourbi, se met tout de suite en position de garde, prêt à frapper le premier qui voudrait toucher l'un d'entre eux. La fenêtre s'ouvre pour nous distribuer nos cafés, de la vraie pisse de chat, infâme et à l'odeur puante. Je bois mon breuvage en repensant à la vision que j'ai eue de Camille lors de la dernière expérience de Homes. Tout semblait si réel, je pouvais même reconnaître son parfum. J'ai senti la douceur de sa peau, vu sa main qui se tendait vers la mienne. J'ai perçu des échos sortant de sa bouche si désirable : « Sauve-toi », « Sois fort ».

Kerim se dresse face à nous et demande aux jumeaux de le suivre. Naourbi le repousse en le bousculant, ce qui provoque sa chute. Je contemple la porte, ouverte, sans aucun surveillant et je me dis que je devrais en profiter pour m'échapper mais je ne suis pas assez réactif, mon état de fatigue physique et psychologique ne me le permet pas. Deux autres gardiens arrivent alors et assomment celui qui a eu la folie de s'en prendre à un des leurs. Homes déboule, sûrement interpellé par les cris de Said qui voit les bourreaux passer son jumeau à tabac. Il s'interpose et met un terme aux violences. Les deux frères sont conduits à l'infirmerie. On me fait comprendre que je dois les suivre. Je jette un œil à Sylvain qui est déjà en route pour sa journée de travail, mais il a l'air de fuir ma détresse.

Je suis vite installé, une nouvelle fois, devant le bureau de marbre de Homes. Il n'y a aucune photo qui trône sur ce meuble. Pas un seul portrait d'un éventuel enfant ni même un souvenir de vacances immortalisé pour être exposé. Juste des statuettes, et des piles de dossiers à perte de vue.

— HS 7244, tu as passé la nuit avec deux nouveaux camarades. Ils sont très intéressants pour mes recherches, ce qui explique pourquoi je suis intervenu tout à l'heure. Je vais avoir besoin de toi pour m'expliquer comment ils se comportent lorsque je ne peux pas les surveiller. Commence par me parler de votre première nuit.

Je ne veux pas lui répondre, je refuse de trahir mes compagnons, et je n'ai surtout rien de spécial à lui dire, j'ai juste passé une nuit à leurs côtés.

— Je pensais que tu tenais vraiment à retrouver « ta moitié », je pensais que nous avions un accord. Mais je me suis trompé. Ton silence prouve que tu n'es pas prêt à tout par amour pour Camille. J'avais pourtant retrouvé sa trace. Son matricule, pour être exact.

Mon cœur s'affole, je relève la tête et le vois sur le point d'ouvrir la porte pour me congédier.

— Ils s'appellent Naourbi et Said, dis-je dans un murmure, honteux de ce que je suis en train de faire. Ils travaillent dans une ferme. Naourbi est le plus rebelle des deux, il semble très protecteur envers son jumeau. Je ne peux rien vous dire de plus…

— Tu vas pourtant devoir t'y résoudre, me répond-il en se frottant les mains. Je vais vous mettre sur un nouveau poste. Un travail où vous pourrez bavarder un peu et où tu auras surtout la possibilité d'épier leurs moindres faits et gestes… En attendant, je vais devoir pratiquer une nouvelle expérimentation sur toi. Un petit test anodin… La résistance de ton organisme à une drogue hallucinogène.

Je pense à ma mère qui a tout mis en œuvre pour nous protéger, mon frère et moi, tout au long de sa vie. Elle nous assommait de sermons dès le plus jeune âge, elle nous répétait inlassablement de ne jamais suivre un inconnu. Elle nous a parlé pendant de longues heures du harcèlement scolaire et nous suppliait de nous confier à elle si un jour, par malheur, un autre élève nous rackettait. Elle a même voulu nous montrer comment enfiler une capote, sur une banane… Manu et moi étions si gênés que nous pouffions de rire malgré tout le sérieux de maman. Quand mon père s'était mis à rire à son tour, elle lui avait jeté le préservatif et proposé de donner lui-même la leçon d'éducation sexuelle. Mon père avait tout à coup perdu sa bonne humeur et nous avait demandé du regard de le sortir de ce traquenard. « Nous savons déjà comment se met ce truc, 'pa », lui avions-nous dit en fixant notre mère qui avait les bras croisés sur la poitrine. Elle avait quitté le salon, rouge de confusion. Quand les premières sorties sont arrivées, vers nos quinze ans, elle a commencé à être angoissée en pensant aux dangers de la drogue. Elle nous avait emmenés à une de ces réunions de prévention, où des anciens toxicomanes témoignaient. À voir l'état de certains et les conséquences des substances illicites sur eux, ça nous avait coupé toute envie de tester la moindre drogue, douce ou dure.

Camille, c'est pour toi que je déroge à tous mes principes, à ceux de maman, pour te retrouver et pour fuir cet endroit, pour sentir à nouveau ta tête se réchauffer au creux de mon cou, pour te dire à quel point je t'aime.

Je me retrouve dans l'infirmerie allongé et sanglé sur un lit sans savoir comment je suis arrivé ici. J'étais tellement plongé dans mes souvenirs que j'ai dû suivre Homes au pas, comme un robot, une fois de plus.

Il me tend un petit buvard avec un dessin représentant le yin et le yang imprimé. Il m'explique que c'est du LSD. Je ne savais même pas que cette drogue était présentée sous cette forme. Je dois la poser sous ma langue et la sucer, la laisser fondre. Mon cœur cogne, j'ouvre la bouche et sens mes larmes couler, honteux d'être si impuissant. Je vois un homme, de dos, qui termine de nettoyer des ustensiles avant de quitter la pièce sans que je puisse distinguer son visage. Le médecin me raconte que les effets de la drogue vont apparaître d'ici trente à soixante minutes. J'attends avec angoisse de connaître tous les effets indésirables de ces substances hallucinogènes en priant pour ne pas mourir sans savoir où est Camille. Je ne veux pas crever comme un animal, comme le chien que je suis devenu, je veux garder l'espoir d'une délivrance où je dénoncerai tous les supplices infligés gratuitement, injustement. Au bout d'un temps qui me semble interminable, Homes me dit qu'il va rendre mon attente moins pénible en musique, et que je devrais me souvenir de tous les sons que mes oreilles vont percevoir. Je reconnais *La Truite* de Schubert dès les premières notes. Le quintette m'incite à oublier le malheur et me berce dans les doux souvenirs de mon enfance. Le piano, le violon, l'alto, le violoncelle et la contrebasse pansent les plaies de mon cœur. Une ode au bonheur, une souveraine élégance que rien ne trouble. Mon père adorait ce morceau et l'écoutait souvent. Le jour de son enterrement, nous avions décidé de passer la *Grande Marche funèbre en* do *mineur* pour l'accompagner dans son dernier voyage. Nous l'imaginions en train de lever les mains en l'air, comme les fois où il mimait les gestes d'un chef d'orchestre, heureux, riant et dodelinant de la tête comme un enfant.

Je crois que les premiers effets se font sentir, car mon acuité auditive est perturbée. J'ai beaucoup de difficulté à localiser l'origine des sons qui m'enveloppent, tout est confus et résonne de façon disproportionnée dans mon crâne, comme si l'ami violoniste, commanditaire de la partition, se mettait à chanter des envolées lyriques et exubérantes. Les graves de la contrebasse agressent mes tympans alors que, dans l'avant-dernier mouvement, l'élégance du piano mène le jeu de façon spirituelle. Puis le silence, oppressant, me rappelle ce qu'est ma vie entre ces murs. Deux ombres se postent devant moi. Elles ont des têtes monstrueuses, leurs nez sont énormes avec de grosses cloques purulentes et mouvantes. Leurs yeux pendent de leurs orbites et diffusent une lumière qui électrise mes rétines. Sur leurs cheveux se dressent d'énormes pattes velues d'araignées qui se dirigent vers moi, vers mes yeux. À l'extrémité de ces mèches abominablement effrayantes se trouvent des lumières éblouissantes et des minces lames de rasoir prêtes à m'énucléer. Leurs bouches sont grandes ouvertes et les sons de la contrebasse semblent sortir tout droit de leurs cordes vocales. Je suis terrifié, mais je suis incapable de crier, c'est un malaise psychique, sourd, angoissant, qui m'étreint. Une sensation d'oppression intense qui inonde mon cerveau me prive de toute faculté de réflexion. Je n'entends plus le moindre décibel. Je ne vois plus rien, à part les ombres tortueuses de ces ogres tout droit sortis d'un livre horrifique, qui vont bientôt commencer leur rituel satanique sur moi, pour mon plus grand désespoir. C'est comme si plus rien aux alentours n'existait, plus rien à part eux et moi. Je devine le sourire sadique qui se dessine sur leurs lèvres, j'imagine leurs mains qu'ils frottent l'une contre l'autre, comme un signe d'impatience et de plaisir ultime dupliqué à l'infini. Puis j'entends des gémissements, je tourne la tête et discerne une silhouette allongée sur la table à côté de la mienne. C'est Camille. Son corps est allongé à plat ventre et sa tête tournée vers moi. Ses yeux me lancent des cris d'alerte, sa bouche est recouverte d'une fermeture Éclair cousue sur ses lèvres. Mon cœur bat la chamade, puis se déchire, sans anesthésie, au moment où l'un des monstres saisit un objet tranchant et découpe un lambeau de peau dans son dos. À l'endroit exact où Camille avait choisi de se faire tatouer un de mes dessins. Puis c'est un flash de quelques secondes, à peine, et la tête affreuse de ce bourreau se transforme en celle de l'homme à qui je confie tout, Sylvain. Puis ma mère apparaît, suivie de mon père. Et ensuite, le trouble, à nouveau : les yeux pendants, la lumière éblouissante et le noir complet, alarmant et sinistre…

CHAPITRE 18

Homes repense à sa communication téléphonique de la veille avec la ministre. Elle l'a encore bassiné sur les résultats de ses recherches, soi-disant inexistants. Il se promet qu'il se vengera de cette femme détestable dès qu'il en aura l'occasion. Elle ne sera pas ministre toute sa vie, songe-t-il. Il lui fera regretter son comportement, son assurance que lui procure son statut. Tous ces politiques abusent de leur pouvoir et se croient au-dessus des lois, ils imaginent qu'ils sont intouchables, ils profitent de leur immunité et prennent toutes les libertés. Un jour, tout cela changera.

Julien Homes est dans son appartement. Chaque objet est rangé à sa place, au millimètre près. Tout est symétriquement aligné avec maniaquerie. Pas la moindre poussière sur les meubles ni sur le parquet du salon. Chaque soir, le même rituel. Il est assis sur le fauteuil en velours noir, il boit un verre de sa précieuse vodka, la Moskovskaya, et fume un cigare hors de prix,

Aza est à genoux devant lui. Elle lui taille une pipe avec beaucoup de dextérité, comme toujours. Il aime sentir sa langue tourner autour de l'extrémité de son sexe, la voir fermer les yeux dans un moment d'extase, s'amuser avec ses couilles entre ses lèvres, puis se balader de bas en haut sur son pénis avant de le prendre à pleine bouche et de jouer avec des mouvements de va-et-vient au rythme de la *Symphonie n° 40 en* sol *mineur* de Mozart. Les envolées enivrantes des instruments à cordes, mêlées aux bois et aux cuivres, lui procurent un sentiment d'allégresse que seule la musique de ces compositeurs lui fait ressentir... C'est à la fois puissant et délicat. Il se sent parachuté dans ce siècle où la musique était une vraie richesse pour le cœur et l'esprit. Le *molto allegro*, premier des quatre mouvements de cette symphonie, est son préféré, les violons jouent avec une indicible grâce très mélancolique. Il chantonne en posant sa main sur la tête d'Aza pour qu'elle arrête de le masturber et qu'elle le reprenne à pleine bouche. Il relève le cou en soupirant de plaisir et tourne la tête vers la grande cheminée de granit où les flammes dansent en cadence.

Il aime le portrait qui est exposé juste au-dessus. C'est la première chose qu'il a sortie des cartons en arrivant ici. L'homme a un regard profond dans lequel Homes se plonge avec admiration. Le docteur Josef Mengele est depuis toujours celui à qui il veut ressembler. La science était sa raison de vivre, comme lui.

Tout comme son mentor, il veut connaître les secrets de la nature humaine pour apporter une hygiène à la race.

À chaque fois que de nouveaux détenus arrivent au centre, il s'amuse à imiter son héros qui sélectionnait les juifs à leur arrivée. Il les fixe avec mépris et tourne le pouce vers la droite ou vers la gauche. À droite : ils seront ses sujets... et apporteront une contribution inestimable à l'avancée de la science. De l'autre côté, ils serviront de cibles réelles pour que les nouveaux gardiens apprennent le maniement d'une arme. Il aime ce pouvoir de vie ou de mort qui lui est alloué, il se sent l'âme d'un héros.

Sur ces dernières pensées, il jouit dans la bouche de sa compagne au son de la dernière note de violon. Il contemple avec satisfaction Aza qui déglutit pour avaler son sperme. Puis il se lève sans un regard pour sa femelle, remonte son pantalon, termine son verre et abandonne son cigare qui a fini par s'éteindre sur le rebord du cendrier en cristal de Baccarat.

CHAPITRE 19

Après sa carrière de militaire, il a choisi de devenir journaliste d'investigation et c'est ce nouveau métier qui l'a conduit aujourd'hui à être là où il se trouve : au beau milieu d'un projet délirant auquel il n'aurait pu croire si, un jour, Hector, un ancien collègue d'armée, ne lui avait pas expliqué ce qu'il savait. Hector a été témoin d'enlèvements dans une toute petite ville du versant nord des montagnes du Caucase. Puis le journaliste a découvert l'inimaginable en enquêtant minutieusement sur le mode de fonctionnement de ces barbares, mais il lui manquait des preuves pour dénoncer cette infamie. Même si cette mission lui a paru dangereuse, il ne pouvait laisser passer cette affaire sans réagir. Il se souvient des paroles de son frère d'armes :

— Mon frère, tu peux pas imaginer ce qu'ils font ! Ça commence avec ce qu'ils appellent des safaris. Il y a d'abord les messagers qui s'occupent des échanges virtuels pour rabattre les proies et leur proposent des rencards sous prétexte d'échanger sur leur situation. Des kidnappeurs prennent ensuite le relais. Une fois sur place, c'est le début de l'enfer pour toutes ces victimes. Peu importe d'où ils viennent et qui ils sont. Ils ne font pas de différence, les hommes comme les femmes, tout le monde y passe. Ils sont cinglés, ils ont même créé des camps ! En tant que journaliste, toi, t'as pas moyen de faire quelque chose pour dénoncer ce truc ?

Cette histoire a fait écho dans son esprit, lui rappelant les conditions du décès de sa filleule. La jeune femme a été violentée par des voyous de la pire espèce qui l'ont finalement laissée mourir dans un fossé comme un vulgaire déchet.

Pour lancer son infiltration, le journaliste n'a eu qu'à se mettre dans le rôle de la proie pour être traqué et rejoindre une prison secrète. Rien de bien compliqué dans un premier temps : créer de faux profils sur des sites spécialisés, répondre à tous les messages et attendre. Un jeu de patience. Il a vite compris que son plan avait fonctionné lorsqu'il a repéré les kidnappeurs, affublés de casquettes ou de longues écharpes pour ne pas être reconnus par d'éventuels témoins. Le groupe d'hommes l'a donc enlevé, à la vue de tous, pour le conduire dans ce camp.

Il a découvert les lieux lugubres, les détenus entassés par dizaines et les actes de torture. En guise de bienvenue il a eu droit à son quart d'heure de pinces électrifiées comme les autres avant lui. L'objectif premier de ces pratiques : obtenir des noms de proies potentielles. La douleur a été si atroce qu'il aurait avoué n'importe quoi. Derrière les barreaux de cette prison, il a vu l'extrême violence contre les détenus, la bestialité, les viols. La nuit, les cris et les gémissements le hantent.

Son entraînement militaire lui a permis de résister aux attaques psychologiques et physiques qui en brisent plus d'un dès les premières heures.

Au fil des jours, il a compris les motivations de ces hommes : rafler pour purifier la nation. Mais ces fanatiques seraient tout autant capables d'anéantir un des leurs s'il se rebellait contre l'État ou leur président.

Maintenant, l'infiltré – un coupable ordinaire aux yeux de ces fous – est ici, enfermé, quelques demi-journées par semaine. Homes le considère comme son larbin, l'oblige à nettoyer toutes les salles après ses expérimentations. Le journaliste ne connaissait rien à la médecine mais ne pensait pas la voir un jour sous cet angle… Il est malgré lui témoin de l'apprentissage des infirmières. Dans un premier temps, elles pratiquent des prises de sang sur les dépouilles des prisonniers du centre, puis elles assistent Homes dans ses opérations. Les sujets sont presque toujours endormis. L'infiltré n'a entendu leurs cris qu'à travers une porte ou un rideau de séparation.

Depuis quelques jours, il sent que le docteur Homes est nerveux, contrarié… Il met de la musique classique pour décompresser. Les notes semblent le transporter, l'euphoriser, le détendre comme par magie. Il faut dire que lui aussi ressent un apaisement indescriptible dès que les premières notes emplissent les murs de la bâtisse. Avant, il écoutait du rock ou du black metal et la transition a été quelque peu difficile pour ses tympans, au début. Puis il a fini par se faire une raison et se laisser emporter par les mélodies. Il imagine les musiciens qui se déchaînent sur leurs instruments : que ce soient les cordes, les vents, les cuivres et se sent transporté loin de ce lieu, l'espace d'un court instant.

Lorsqu'il a débuté son travail, la vue des organes et des viscères étalés au sol, qu'il devait nettoyer, lui a donné des vertiges. Mais il a dû prendre sur lui afin de ne pas se retrouver à travailler dehors, au froid toute la journée. Il devait surtout être témoin de tous ces actes pour pouvoir les dénoncer. Il a vu le médecin s'affairer à sa tâche avec fascination, comme enfermé dans un autre monde, dans une bulle où plus rien n'existe.

Depuis quelques jours, les gardiens du centre leur ont amené des sujets avec des tatouages magnifiques sur le corps. Homes a alors entrepris de découper, avec beaucoup de minutie, les morceaux de peau. Les dessins ne devaient pas être coupés ou déchirés. Et pour cela, il a pris l'initiative de retirer des lambeaux plus grands. Il n'administre aucune substance anesthésiante, par économie. C'est juste pour le plaisir jubilatoire de faire souffrir. Homes leur met un gros morceau de scotch sur la bouche afin d'étouffer leurs gémissements, sauf quand les symphonies de Mozart ou de Beethoven les couvrent, bien entendu.

Le dernier dessin qu'il a découpé représentait un papillon sur l'omoplate d'un sujet. Il était magnifique, et semblait prendre vie, prêt à battre des ailes. Les détails tatoués étaient d'une rare précision et donnaient l'illusion que le lépidoptère, aux couleurs multiples, allait s'envoler du corps de la personne allongée sur la table.

Chaque fois qu'il a connaissance d'une étude, l'infiltré prend soin de la noter sur des bouts de papier qu'il cache précautionneusement sous un des lits de torture. Un jour, profitant d'un court moment d'absence de Homes, il s'est muni d'un scalpel et il a fait une entaille sous un matelas. Il a caché des feuilles et un stylo à bille bleu dans le trou qu'il y a pratiqué. Depuis, dès que le docteur lui demande de nettoyer les traces résultant de ses expériences barbares et qu'il se réfugie dans son bureau pour fulminer sur un énième échec, lui, prend son stylo et note les jours, les dates, les noms des sujets et les tests menés sur eux. Son but : transmettre ce qu'il sait à ses complices. Quand il sortira d'ici, quand son infiltration sera achevée, il criera au monde entier les atrocités dont il aura été témoin mais aussi victime. Personne ne mérite un tel châtiment.

CHAPITRE 20

Ce midi, l'un des détenus, épuisé, s'est assis sans en avoir reçu l'ordre. Les palachs ont pris cela comme un affront et l'ont emmené au centre de la cour. L'homme maigre aux yeux noirs, un bras recouvert de tatouages, s'est vite retrouvé à genoux. Ses membres ont été maintenus dans des mouvements de torsion par deux bourreaux, puis un autre maton, un nouveau que Sylvain n'avait encore jamais vu et qui était jusqu'alors resté en retrait s'est approché. Kerim a incliné la tête du condamné bien en arrière puis a donné une arme à la nouvelle recrue. Il lui a expliqué son fonctionnement, lui a montré comment charger et fermer la culasse de son pistolet. L'homme à genoux comprenait ce qui se disait autour de lui. Il a jeté des regards implorants, priant silencieusement ses compagnons d'intervenir et d'empêcher ces gardiens de l'enfer de le condamner à devenir la prochaine victime du camp. C'est ce que Sylvain, qui ne parle pas leur langue, a déduit, ce qu'il aurait pensé à sa place. Mais personne ne s'est interposé : autant se suicider. Se sachant condamnée, la victime s'est époumonée jusqu'à ce que la balle de l'arme à feu lui impose le silence éternel. Jamais, jamais Sylvain ne pourra oublier le bruit de la déflagration, ni la façon dont le corps de l'individu s'est effondré à terre. Les morceaux de cervelle et le sang qui se sont répandus sur les uniformes des palachs n'ont pas semblé les perturber. Dans les minutes qui ont suivi, Sylvain a intégré l'équipe contrainte de ramasser le corps. L'impact du projectile avait laissé son empreinte sur sa tempe et du sang coulait encore le long de son visage. Son nez était partiellement déchiqueté, ses yeux étaient ouverts. La terreur de ses derniers instants s'y lisait encore. Le corps de l'homme a bien sûr été transporté dans le labo de Homes.

Après avoir déposé la dépouille, Sylvain a dû revenir à son poste de travail en feignant d'ignorer ce dont il avait été témoin bien malgré lui. Il est maintenant assis en train d'éplucher et de couper en gros morceaux les légumes qui proviennent de la serre proche du camp. Il y a, au centre de la table, une petite caisse en bois qui lui rappelle les premiers sévices qui lui ont été infligés en arrivant ici.

Il venait d'être kidnappé. Il avait été trimballé dans un camion noir dans lequel il s'était pris des coups de matraque et de pistolet électrique dans les côtes et le dos. Les portes du véhicule s'étaient ouvertes et la clarté du jour l'avait brusquement ébloui. Il revoit l'imposant portail et la bâtisse de pierre, immense, sombre. Il se souvient de son cœur qui battait si fort qu'il avait cru qu'il allait mourir sur place. Il avait été traîné jusque dans une salle avec un bureau et trois chaises. Sur un des murs se trouvait un miroir sans tain. Kerim – c'était la première fois qu'il le voyait – était présent avec Homes. Les deux hommes s'étaient assis, vite imités par Sylvain. Et le petit coffre en bois, auquel étaient reliés des fils électriques, avait été posé au centre de la table. Homes avait fixé de fines pinces en métal aux doigts de Sylvain. Puis, par le biais de ces électrodes, il lui avait envoyé du courant. Tout au long de l'interrogatoire mené par Kerim, le médecin avait progressivement augmenté l'intensité. Quand l'électricité traversait son organisme, c'était comme si le courant s'arrêtait à chaque articulation. Il sentait toutes les courbures de son corps, tous ses os, il avait l'impression qu'ils étaient tous brisés, broyés, pulvérisés.

L'alarme retentit, c'est la fin de journée, enfin. Il aime les courts instants, avant et après l'appel du matin ou du soir, où ils ont tous quelques minutes pour déambuler dans la cour. Il a, à plusieurs reprises, croisé un petit chien blanc. À chaque fois, l'animal attend tout penaud, les oreilles baissées, la queue entre les pattes, derrière les barbelés qui entourent la cour. Au début, Sylvain l'a approché avec prudence. Il ne voulait pas devenir la cible des palachs, ni que le chien soit blessé et encore moins partager sa compagnie avec un autre détenu. La petite boule de poils a peur des autres chiens du camp et détale à toute vitesse dès qu'elle aperçoit l'un d'entre eux. À une époque, il voyait le cabot tous les jours, mais au fil du temps, les rencontres se sont espacées. Il espère le revoir bientôt, pour lui confier ses malheurs. Il l'a surnommé Olaf. Il a envie de le caresser et de dialoguer à sa façon avec lui. Justement, le voilà qui pointe le bout de son museau tout humide. Sylvain regarde autour de lui pour s'assurer qu'aucun palach avec un chien de garde ne va venir l'interrompre. Il remonte son pantalon et remet son sabot qu'il a perdu en route, puis il se penche vers Olaf. Il le caresse sur la tête, s'attarde sur son cou, autour de son collier, là où il adore recevoir des caresses. Puis il le chasse en vitesse, de peur d'être surpris. Ce doux moment, un échange complice et sincère, lui a réchauffé le cœur.

Sylvain retrouve le confinement de sa cellule, où aucun détenu ne l'a encore rejoint… Il se rapproche de l'étroite fenêtre de la pièce dans laquelle il est isolé depuis si longtemps. Il aperçoit les silhouettes des arbres éclairées par les grands réverbères, le feuillage se soulève au gré des légères rafales du vent de la nuit. La température, en ce mois de mars, ne doit pas dépasser les dix degrés et il remarque que la pluie commence à tomber. Il cherche à entendre le chant des gouttes au moment où elles s'écrasent dans les flaques – ploc, ploc, ploc. Mais soudain, c'est un orage, et les éclairs qui illuminent le ciel lui donnent l'occasion de voir que les nuages sont épais, ne laissant apparaître aucune étoile. Il aimerait pourtant en voir une, filante. Lorsqu'il était enfant, il adorait scruter le ciel avec son frère pour chercher ces étoiles à vœux, celles qui traversaient le rideau noir de la nuit. Un jour, il avait souhaité devenir un super-héros, au pouvoir de téléportation. Aujourd'hui, il donnerait tout pour l'avoir réellement, ce super-pouvoir. Il se téléporterait en Belgique, dans son duplex en plein centre de Bruxelles et ouvrirait son cœur à Laurence, Lola et Louise, les héroïnes de sa vie.

Interrompant ses rêveries, la porte s'ouvre sur ses compagnons, les deux frères ont la chemise ouverte, laissant entrevoir des scarifications… Les trois mêmes chiffres : 666. Said a les yeux gonflés, rougis par les larmes. Naourbi se tient droit, fier, digne dans l'épreuve qu'il vient de subir. Derrière eux, il y a Marius, les yeux groggy, qui est tenu en laisse par Kerim. Il semble léthargique, comme s'il revenait des confins des Enfers. Naourbi repousse le palach et retire le lambeau de cuir du cou de Marius avant de l'aider à avancer et à s'allonger sur sa couche. Au même moment, le chariot livre le repas de l'unique personne qui a travaillé aujourd'hui, lui. Malgré la faim qui le tenaille, il ne peut pas se résoudre à tout boire devant eux… D'autant plus que dans le fond du bol, comme un cadeau, trônent quatre ridicules morceaux de carotte.

CHAPITRE 21

Je me réveille encore sanglé à ce lit de torture. Il y en a six dans cette salle. Mon premier réflexe est de me tourner du côté où je suis persuadé d'avoir vu Camille. Il est désespérément vide. J'entends Homes dicter le bilan de son expérience sur moi, il donne tous les détails en me fixant, comme pour me confirmer que je suis bel et bien à sa merci.

Il conclut son monologue en soulignant que, une fois de plus, il n'y a rien à signaler. Je lui demande des nouvelles de Camille, il devait m'apporter des éléments, pour reprendre ses termes. Il sourit avant de me parler :

— Le sujet Camille Aldi est connu sous le matricule HS 0906.

— C'est tout ? Où est Camille ? Que lui avez-vous fait ?

— Non, ce n'est pas tout… J'ai aussi une photo pour toi…

Mon cœur manque un battement puis s'emballe comme un animal fou qui retrouve la liberté. Mes mains sont toujours sanglées, je me débats dans l'espoir de me relever et de tenir cette photo entre mes doigts. Le médecin s'avance vers un banal meuble de métal qui contient plusieurs tiroirs et ouvre le troisième. Le temps semble se suspendre jusqu'au moment où il sort, avec un petit air victorieux, une pochette rose. Cette couleur me rappelle celle, quasiment semblable, dont Camille a voulu à tout prix peindre l'un des murs de notre chambre. Je n'ai pas encore vu son doux minois que déjà, j'ai ce sourire imbécile qui marque mes traits et les larmes qui me montent aux yeux. Homes se dresse face à moi. Il hésite un court instant en me présentant la photographie.

J'ai l'impression d'être encore sous les effets du LSD. « Les évolutions peuvent se manifester pendant plus de douze heures », c'est ce qu'il a dit dans son bilan, il y a quelques instants. C'est forcément ma vue qui me joue un tour… Je reconnais ses yeux si bleus, son crâne est rasé, mais je vois ses jolies taches de rousseur qui sont complètement recouvertes de crasse et de sang. Il y a des entailles autour de ses lèvres si charnues, du sang séché sur ses tempes et des bleus sur ses joues. Son visage d'habitude si fin est tout boursouflé et son air, si malicieux dans ma mémoire, est d'une tristesse infinie. Ma respiration se coupe, je suffoque, je sens l'oxygène qui quitte mes poumons, mes muscles se tétanisent, mes maigres forces m'abandonnent et le monde tourne au ralenti autour de moi. Jamais, même dans mes pires cauchemars, je n'aurais imaginé voir Camille dans un tel état. Une pensée me vient soudainement : je ne me suis pas vu dans un miroir depuis que je suis arrivé ici, et je ne dois pas être beaucoup mieux. Je déglutis avec peine et fixe Homes, qui s'amuse de mon chagrin.

— Que lui avez-vous fait ? Je veux être transféré dans sa cellule, dis-je en secouant mes liens avec colère.

— Tiens donc, tu exiges des choses, toi, maintenant ? Remarque, nous n'avons encore jamais tenté l'expérience de réunir un couple. Vous faisiez de la propagande ensemble, n'est-ce pas ? J'ai des photos de ça aussi. Mais je les garde pour plus tard… Ce sont bien grâce à elles que je vous ai retrouvés dans ce bar de Grozny…

— Je veux le voir !

Je ne parviens pas à maîtriser les sanglots dans ma voix tant la situation m'échappe au moment de poursuivre ma rébellion :

— Il est l'homme de ma vie, amenez-le-moi, ici, et tout de suite ! Je ne supporterai pas un instant de plus sans lui !

— Alors tu perds toute chance de le revoir, dit-il en réduisant son portrait en mille morceaux.

Si je veux sauver Camille et le sortir de ces murs, je vais devoir coopérer avec ce monstre. Homes me dégage de mes entraves en me précisant que « demain est un autre jour » et que beaucoup de choses vont changer. Kerim m'attend à la sortie de la salle des expériences et prend un malin plaisir à me remettre le collier et la laisse des premiers jours. Je me laisse guider, conscient que je dois me plier à tout, même aux humiliations. Sur le chemin qui me ramène à ma cellule, nous sommes rejoints par Naourbi et Said, qui ont passé la journée à l'infirmerie, eux aussi. Une fois dans mon réduit, je retrouve Sylvain qui partage sa soupe avec nous. Je peux sentir le goût du morceau de carotte chatouiller ma langue. C'est un délice et je vis un court instant d'extase. Je raconte à Sylvain la scène que je viens de vivre. Il me fixe avec intensité, regarde ensuite autour de nous afin de s'assurer que personne ne pourra surprendre notre conversation.

— C'est pour ça que nous sommes là, Marius.

— Je viens de te dire que ce barge m'a montré une photo de Camille !… Quel rapport avec la photo de mon mec ? Je pige pas…

— C'est ça justement, le rapport, Marius, c'est que tu aies un mec ! Je crois qu'ici tous les détenus sont homos, mon pote, c'est pour ça qu'ils nous torturent…

Sylvain est officiellement en train de péter un câble et la paranoïa le gagne à force de vivre des horreurs quotidiennes. Face à mon air interdit, choqué, Sylvain reprend la parole et se livre à une sorte de confession :

— Tu veux savoir comment j'ai atterri entre ces murs ? Je vais te le dire…

Il me raconte tout, sa vie en Belgique, sa femme et ses jumelles. Son travail d'électricien, son déplacement professionnel en Russie. Et ses envies sexuelles, les nouvelles expériences qu'il a voulu tenter dans ce pays en étant certain de ne jamais être grillé auprès de son épouse. Que tout cela, c'était juste pour s'amuser et qu'il n'avait jamais forcé personne. C'est sur le lieu du rendez-vous donné par sa dernière conquête qu'il a été kidnappé, qu'il a dû dénoncer les noms de tous ceux qu'il avait fréquentés. Il se sent l'âme d'un traître, il dit qu'il voudrait voir une étoile filante pour énoncer silencieusement le vœu de disparaître à jamais avant d'ajouter :

— Toutes ces conquêtes, Marius, ce n'étaient que des hommes, je n'ai donné rendez-vous qu'à des hommes.

— C'est un hasard, Sylvain, je t'assure, ce que tu avances est impossible ! Pourquoi est-ce qu'ils feraient des recherches sur nous dans ce cas ? Je suis homo, mais pas malade… Tu m'as dit qu'ils appelaient les nouveaux venus les « terroristes ». Réfléchis, il n'y a aucun rapport entre le terrorisme et l'homosexualité !

Sylvain ouvre la bouche comme pour me répondre mais se ravise et se détache de moi avant de se coucher dans le silence de la nuit. Moi, je suis sous le choc de ses propos et surtout, je ne peux oublier le portrait de Camille qui, lui aussi, a souffert de la barbarie de ces gardiens fous.

CHAPITRE 22

— Je viens d'envoyer une requête au procureur de la République, je vais en transférer une autre, dès aujourd'hui, au Parquet général pour savoir s'il y a eu des enlèvements à Grozny comme l'a dénoncé un journal indépendant russe début avril. Cela fera l'objet d'une enquête minutieuse.

Les paroles de la déléguée russe aux Droits de l'homme, Oustina Andropov, confirment les rumeurs qui étaient arrivées aux oreilles de Izaket Oumarov. Oumarov est assise face au président, qui est rouge de colère, car il avait demandé la plus grande discrétion à propos des rafles qui avaient été organisées. Il éteint l'écran de télévision où le visage de la déléguée est encore en gros plan et se tourne vers Oumarov.

— Dois je vous rappeler pourquoi vous avez ce poste, madame la ministre ? Dois-je vous rappeler, par la même occasion, que, sans l'influence de votre père, qui a réalisé d'innombrables bonnes actions pour notre pays, vous n'auriez jamais pu espérer travailler au sein de mon gouvernement ?

— Non, monsieur le président.

— Les autorités russes veulent vérifier les révélations d'un journal qui dénonce des attaques supposées contre ces suppôts de Satan !

Un air de dégoût se lit sur ses traits au moment de nommer ceux qu'il désigne ainsi. Il poursuit.

— Le Parquet général de Russie et le ministre de l'Intérieur tchétchène participent à l'enquête !

— Je ne comprends pas, monsieur le président, aucun homme, aucune femme n'est sortie de ces lieux. Il y a forcément…

Le chef de l'État frappe du poing sur la table pour imposer le silence à sa subalterne, il est dans une colère monstrueuse. Il a pourtant la réputation d'être impassible, de savoir garder un calme imperturbable en toute circonstance, quelle que soit la situation. Ce n'est sûrement pas pour rien que le peuple l'a érigé en héros et élu à plus de quatre-vingt-dix-huit pour cent lors des dernières élections.

— Il y a forcément une erreur dans le choix de mes collaborateurs ! Vous êtes une imbécile, doublée d'une incapable ! Les journaux russes, le *Gazeta*, entre autres, disent que plus d'une centaine d'individus auraient été enlevés et même tués pour certains d'entre eux !

— Mais, monsieur le président, notre ministre de l'Intérieur n'a reçu aucune plainte pour enlèvement. Personne n'a témoigné de tels agissements !

— LES TRAQUES DEVAIENT ÊTRE DISCRÈTES ! Et cette femme, cette déléguée russe aux Droits de l'homme… Cette Oustina Andropov…

Une grimace de mépris déforme sa bouche.

— Elle a pris connaissance d'un article paru dans la presse et menace de contacter une ONG pour confirmer ces informations et connaître les noms de toutes les victimes. Ces terroristes doivent tous crever ! Certains commencent même à effectuer de la propagande auprès de nos plus jeunes concitoyens ! Cette femme s'imagine que des êtres si méprisables peuvent garder leurs droits !

Je ne leur permettrai pas d'être jugés ! JAMAIS ! Ils ne méritent que la mort ! C'est compris ?

La ministre essuie les postillons de bave qui ont souillé ses lunettes. Elle se lève et fixe le président avec aplomb.

— Parfaitement clair, monsieur le président.

Le téléphone sonne brusquement dans l'immense bureau et le chef de l'État met le haut-parleur. C'est son conseiller personnel qui prend la parole.

— Monsieur le président, je dois vous informer que pour donner suite aux dernières révélations de Mme Andropov, le porte-parole du président russe vient d'annoncer que le Kremlin a eu vent de cette affaire et que les instances judiciaires vont vérifier toutes ces accusations. Je ne pense pas, cependant, que nous devions nous affoler car le Conseil pour le développement de la société civile et les droits de l'homme auprès de notre République avait en interne indiqué qu'il n'existait aucune preuve confirmant ces traques. Vous devriez autoriser une déclaration, préciser que nous respectons la vie d'autrui indépendamment des appartenances raciales, ethniques, religieuses ou autres.

— Je vais surtout donner une conférence de presse et nier ces traques de terroristes, car il n'y en a pas dans mon pays. Et s'ils en trouvent, qu'ils se les gardent et les laissent faire de la propagande chez eux. Je vais confirmer que ces accusations sont mensongères, blasphématoires ! Organisez-moi cette rencontre et précisez bien qu'il n'y en aura qu'une !

Il balance le téléphone à travers la pièce pour couper la communication et se rapproche dangereusement de sa ministre, qui sent presque son souffle sur son visage. Un mélange de tabac froid et de vodka la fait grimacer face à son supérieur.

— Vous allez, madame la ministre, bouger votre joli petit cul avant que je ne me décide à le botter si fort que vous ne serez pas près de le poser sur un de mes fauteuils d'ici un long moment. Vous allez retourner sur place et donner l'ordre de tous les exterminer ! Parce que, si l'Onu commence à venir me faire chier, je vous assure que vous serez la première à tomber ! Je vous mettrai entre les mains des plus hauts dirigeants de la mafia en leur expliquant à quel point vous êtes une incapable et qu'ils peuvent bien faire de vous ce qu'ils veulent.

— Oui, monsieur le président.

Elle déglutit avec peine à l'idée des tortures qu'elle pourrait endurer. Car elle le sait, son cher papa ne contredirait pas les ordres du chef de l'État. Il les approuverait.

La ministre écoute son président lui transmettre toutes les informations qu'il possède : à Moscou, une ligue est en train de se mettre en place dans le but de venir en aide à ceux qui réussiraient à leur échapper. Il imagine que certains d'entre eux fuiront jusqu'en Europe demander l'exil pour espérer vivre en paix, loin de leurs familles qui les tueraient pour sauver leur honneur !

Izaket se lève et prend congé de l'homme qui mène d'une main de fer la République depuis dix ans. Il y a une taupe dans leurs équipes. Avant de monter dans le véhicule blindé noir où son chauffeur l'attend, elle se remémore les paroles du président, les menaces et l'épée de Damoclès qui pend dorénavant au-dessus de sa tête. Elle refuse de tomber seule, d'être reniée, désapprouvée et désavouée par les divers gouvernements du monde. Elle retournera voir Homes. Elle a exigé de lui une commande particulière, mais elle va surtout le recadrer. Comme il ne l'a jamais été.

CHAPITRE 23

Un cri, le mien, puis un sursaut me sortent de ce cauchemar. Toujours le même, après chaque réveil brutal, tout au long de cette nuit interminable. La même chronologie, la même oppression, surtout la même impuissance et cette sensation de réalité tellement perturbante. J'ai besoin de quelques minutes pour que mon cerveau assimile que tout cela n'était qu'une vilaine blague de Morphée, pour que ma respiration soit moins saccadée et pour que mon rythme cardiaque se calme un peu, sans pour autant redevenir régulier. Camille était au centre de persécutions, le sang coulait le long de sa peau si douce. Ces hommes frappaient avec rage sur sa tête, je voyais son crâne rebondir contre leurs bottes, ses lèvres entaillées et son corps mutilé avec brutalité, barbarie et sauvagerie. À chaque fois, avant que je ne me réveille, un de ces scientifiques en blouse blanche lui coupe l'annulaire gauche à l'aide d'une lame parfaitement affûtée. Comme pour nous dire que par son action, il nous ferme les portes du mariage que j'espère tant. Au moment où son doigt tombe au sol, je me réveille dans un sursaut. Un cri sort de ma gorge et réveille tout le monde autour de moi.

Sylvain m'a rassuré à chacun de mes réveils mouvementés. Il m'a murmuré, supplié de sortir de ce cauchemar avant que les palachs n'interviennent pour me réduire au silence. À peine quelques minutes après, l'alarme retentit et le petit déjeuner nous est servi. Je bois mon café en fixant un point dans le vide, repensant aux paroles de Sylvain hier soir. Je ne peux pas imaginer une seule seconde que je suis brimé, entre ces murs, seulement parce que je suis homosexuel, c'est insensé. Je n'ose même pas entamer la conversation avec mon ami, cet endroit le perturbe au point de lui faire imaginer des choses démentes. Je m'efforce de penser à autre chose, de me souvenir de la dernière fois où j'ai vu Camille sourire. La photo de son visage tuméfié hante mon esprit en continu. Mon homme vaut bien plus que ça. Je mets en images, dans ma tête, la dernière fois où j'ai vu son visage angélique me contempler avec innocence. La dernière fois où j'ai dû écouter son monologue à propos d'une de ses gardes épuisantes. Chaque soir, il y avait une anecdote différente sur les accouchements... Des plus drôles aux plus tristes, ceux où il n'y avait plus aucune pudeur, et où les sentiments, les rires et les larmes étaient contagieux.

Nous sommes au milieu de la cour, je réponds à l'appel de mon matricule et je profite des quelques instants de temps libre en me mettant face au vent. J'ai besoin de le sentir me chatouiller la peau. J'ai besoin que la nature me rappelle que je suis encore en vie. J'écarte les bras et respire un grand coup, je cherche une odeur délicieuse qui me mettrait du baume au cœur et me sortirait de mon asphyxie, en vain. En rouvrant les yeux vers le ciel, je vois une nuée d'oiseaux. J'envie leur liberté et j'entends leurs chants, comme des rires, qui semblent me narguer. Ça me rappelle le saut en parachute que j'ai reçu en cadeau pour mon trentième anniversaire, Camille m'avait organisé une surprise. Je me souviens de la peur que j'ai ressentie avant de me jeter de l'avion puis, pendant le vol, de la montée d'adrénaline, de la sensation de vide et de l'exaltation qui m'avait envahi…

Je suis sorti de mes souvenirs par le léger aboiement d'un petit chien blanc derrière les barbelés, Sylvain s'en approche et le caresse au niveau du cou. L'animal semble apprécier, mais ce moment est de courte durée et il s'enfuit très vite. Sylvain s'installe au pied d'un arbre, il est de dos, je ne vois pas ce qu'il fabrique. Je m'approche et je pose la main sur son épaule. Il se retourne, le visage terrorisé et s'assied précipitamment. Quand il voit que ce n'est que moi, il paraît profondément et sincèrement soulagé.

— Marius, tu m'as fichu une de ces trouilles !… J'aime bien me reposer ici et trifouiller la terre, juste pour le plaisir de sentir son odeur et de caresser l'écorce des arbres.

Je n'ai pas le temps de lui répondre, car nous devons reprendre le travail. Je me dirige vers les cuisines avec lui, en silence. Kerim me barre la route et me sépare de mon ami. Je ne comprends pas ce qui se passe mais je prie pour ne pas retourner jouer le rat de laboratoire. Je suis dans un groupe d'une dizaine d'hommes, parmi lesquels il y a Naourbi et Said. Quatre palachs, accompagnés de chiens, nous encadrent, et nous franchissons les grilles de la cour. Je comprends que nous nous dirigeons vers la ferme. J'ai entendu le coq chanter plus d'une fois, les moutons bêler et les vaches meugler aussi, en rêvant de me délecter de leur lait.

Une fois arrivés près de la ferme, je me retourne vers le lieu de ma captivité que je n'avais jamais vu d'aussi loin. À travers le portail resté ouvert, j'aperçois le bâtiment, il est très haut, peut-être six ou sept étages, la toiture semble avoir besoin d'un sacré coup de rénovation. La façade est en pierres sombres et il y a des trous par endroits. Je vois une multitude de fenêtres protégées de barreaux. Des herbes sauvages poussent au pied de la bâtisse. J'ai l'impression de découvrir la devanture d'un hôpital psychiatrique des années 1930, un hôpital hanté par des fous. Il y a aussi les sanitaires communs aux murs bleus et le préau encadré de baies vitrées où les palachs prennent leurs déjeuners. La cour dans laquelle l'appel a lieu deux fois par jour paraît minuscule, alors que quand j'y suis… je me sens si petit.

Sur ma droite, il y a deux autres constructions, que je ne pouvais pas voir de l'intérieur puisqu'elles sont encerclées d'arbres gigantesques et elles aussi de barbelés. J'aperçois des hommes et des femmes qui en sortent, ils marchent en file indienne en direction de la serre. Mon cœur s'emballe, je cherche Camille du regard mais tous les crânes sont rasés… Impossible de distinguer sa petite tête parmi les autres. Je hurle son prénom en espérant que les machines agricoles qui vrombissent déjà ne couvrent pas mon cri de détresse. Pas un seul visage ne se tourne vers moi, pas un seul ne réagit. Je me dirige vers eux en courant mais Naourbi me retient par le bras. Ils ont beau être jumeaux, je les distingue sans problème à la tache de naissance que Naourbi possède sous le menton. Je reprends ma place. Un des chiens m'aboie dessus, prêt à me broyer les os. L'animal s'acharne à tirer sur sa laisse. Son maître lui ordonne quelque chose que je ne comprends pas, et il daigne enfin s'asseoir et se taire. Il recommence à déguster son os à moelle.

Cette image, ce bruit surtout, me rappelle la fois où la chienne de mon frère avait croqué nos deux cochons d'Inde le jour de Noël. Les pauvres bêtes étaient dans leur cage dans le jardin, et Mali avait pris les couinements des rongeurs pour ceux d'un jouet… Elle avait gratté la terre jusqu'à ce qu'elle puisse y glisser sa grosse patte et avait attrapé ses proies avant de dévorer leurs carcasses… Le craquement répugnant m'avait tellement choqué que je n'ai pas pu manger de poulet avant de longues semaines, traumatisé par ce bruit d'os.

Le boucan des machines agricoles me ramène sur terre. Nous passons l'enclos de la ferme et les palachs nous mettent à une tâche précise : mes collègues et moi devons nettoyer les box. Alors que nous commençons à retirer la merde et la paille souillée, les palachs, eux, s'installent tranquillement sur le rebord de la clôture et boivent ce qui doit être de la vodka. Nous sommes à peine surveillés par ces gardes qui ont laissé l'intérim à leurs cabots de malheur. Nous réapprovisionnons les abreuvoirs, tout en en profitant pour grappiller quelques centilitres, nos mains en coupe. Nous rajoutons de la paille fraîche et remplissons leurs gamelles d'une bouillie bien grasse avec des légumes. Ces bêtes mangent mieux que nous, j'en suis dégoûté ! Il y a de tout : des chevaux, sur lesquels j'aimerais galoper au bout du monde, des chèvres, des moutons et des vaches. Said est vite fatigué car très affaibli par ses derniers jours de jeûne. Son frère le cache dans un coin de la grange et travaille pour deux, avec détermination, dans une démonstration de force impressionnante. Il en profite pour voler quelques légumes dans les gamelles des chevaux, il en mange quelques-uns et en dissimule d'autres dans sa poche en me faisant un clin d'œil. Je pense à ce que m'a dit Homes, je dois les analyser, les surveiller et tout lui rapporter… Mais comment trahir mon ami qui assouvit simplement sa faim ?

Et surtout comment pourrais-je le faire si Sylvain dit vrai ? Et si Naourbi et Said sont homos eux aussi ? Si tous les détenus le sont vraiment ? Comment le saurais-je ? J'ai toujours été un boulet pour reconnaître les gays. Sur cinq de mes potes je n'en ai reconnu que deux d'homos et encore, au bout de trois ans ! Camille, lui, avait un gaydar hyperdéveloppé… Pour reconnaître les gays il me disait toujours de les observer. Leur façon de s'habiller, leur coupe de cheveux, leur regard… Mais ici tous les crânes sont rasés et nous avons le même uniforme défraîchi et puant. Leurs yeux sont éteints, plus aucune étincelle ne brille. Pour moi, depuis toujours, nous n'avons aucune différence avec les hétéros. Je sais que l'homosexualité n'est pas approuvée par tous, que certains sont même reniés de leur famille au moment de leur coming out. J'ai eu la chance d'avoir des proches qui m'ont accepté et aimé tel que je suis. Je repense à ce jour de décembre où, après un cours à l'école des Beaux-Arts – que j'avais intégrée en vue de devenir artiste peintre –, j'avais décidé de tout leur avouer car j'étais sûr d'avoir trouvé l'homme de ma vie : Camille. Il faisait froid, la maison mancelle de mes parents était partiellement recouverte de neige, et Manu était à l'étage en train de jouer à *Call of Duty*, je me suis approché de lui et je lui ai tout dit de mon attirance et de mon amour pour les hommes. Il a posé sa manette et a souri avant de me répondre :

— Putain, mais c'est pour ça que t'as jamais voulu jouer aux jeux de guerre avec moi ? Tout s'explique ! Allez, casse-toi, morveux, avant que je me fasse buter !

Il m'a frotté amicalement le dessus du crâne.

Je suis descendu, j'ai continué sur ma lancée et je l'ai annoncé à ma mère qui était en train de préparer à manger tout en écoutant sa série quotidienne à la télé. Sa seule réaction a été de me dire qu'elle était contente que je m'accepte enfin, que je ne lui apprenais rien – mais que, par contre, sa sitcom, si ! C'était un épisode décisif et si je pouvais aller bavasser ailleurs, ça l'arrangerait ! Mon père, quant à lui, s'est contenté de me demander ce qu'en pensait ma mère. Si c'était bon pour elle, alors c'était bon pour lui.

Cinq ans, j'ai mis cinq ans avant d'avoir le courage de leur annoncer la nouvelle ! Et ils l'ont accueillie le mieux possible. À cet instant, j'ai su la chance que j'avais de les avoir dans ma vie. Pour les autres, c'était souvent différent. Pour Camille, l'histoire avec sa famille a été bien plus compliquée. Son père lui a donné trente minutes pour rassembler toutes ses affaires et se barrer de chez lui, il ne voulait pas d'un pédé dans sa maison. Sa mère, accrochée au bras de son père, le suppliait presque à genoux de laisser leur fils vivre chez eux, elle disait qu'elle l'emmènerait voir les meilleurs docteurs pour le soigner, que tout allait s'arranger. Camille a rassemblé ses biens et m'a envoyé un message pour me dire qu'il était à la rue. J'en ai tout de suite parlé à mes parents, qui ont accepté de l'héberger, « dans la chambre d'amis, pour commencer », avaient-ils dit. Et en moins d'une semaine, ma mère l'a accueilli comme un fils. Camille et moi avions beau nous aimer très fort, le rejet de sa famille est revenu souvent dans nos disputes. Il me reprochait de ne pas le comprendre, de ne pas imaginer ce qu'il pouvait ressentir à propos de cet abandon. Car il le vivait comme un abandon. Qu'est-ce qu'ils nous reprochent, ceux qui s'y opposent ? C'est quoi, le problème d'aimer ? L'amour n'a pas de couleur, pas d'âge, pas de genre ! Il remue les tripes et le cœur. Il nous prend en otage pour le plus beau des voyages.

Je suis sorti de mes rêveries par le bruit d'une pelle qui tombe au sol. Après plusieurs heures de travail, je suis au bout de mes forces. Said, qui a récupéré un peu des siennes après sa courte pause, nous rejoint et soulève à son tour la paille pour remplir les box. Les palachs rient bruyamment dans un coin de la grange, la vodka les plonge dans un état euphorique. Je vois soudain que les chiens, après avoir fini de dévorer leurs gros os, dorment profondément. Je repense alors à ce groupe qui est entré dans la serre, je me dis que je peux profiter du manque de vigilance, si rarissime, et aller vérifier discrètement si je vois Camille. Je fixe Naourbi et pose mon doigt sur ma bouche pour lui demander le silence et je me dirige, à pas de loup, vers la sortie du hangar. Je visualise déjà, depuis l'endroit où je me trouve, l'immense serre et quelques silhouettes qui y travaillent.

Au moment de passer la porte en bois, je manque de vigilance un court instant et je marche sur une branche, qui craque sous mon poids. Il n'en fallait pas plus pour réveiller les chiens. L'un d'entre eux me saute dessus et m'attrape la main, il la serre de toute la force de sa mâchoire et secoue sa gueule dans tous les sens. Je sens ma peau céder. Mes cris alertent les palachs qui courent jusqu'à moi. Mes doigts pendent, et je sens que l'heure de ma mort va arriver. Les hommes me tirent par le bras et me sortent de la grange. Au loin, je vois les jumeaux qui tentent de me suivre, qui veulent prendre ma défense, qui parlementent, qui hurlent auprès de mes bourreaux, mais ils sont vite calmés par des coups de matraque qui les projettent sur le tas de paille.

Une fois dehors, un des palachs écrase sa botte sur ma main à demi arrachée, la douleur est tellement puissante que je suis sur le point de perdre connaissance. Ma vision est brouillée par des flashs… Avant de sombrer, je vois le petit chien blanc que Sylvain caressait tout à l'heure et je jurerais qu'il est en train de me fixer…

CHAPITRE 24

Aujourd'hui, l'infiltré a reçu l'ordre de ranger les placards de l'infirmerie. Il doit tout classer, empiler et désinfecter pour que Homes et sa clique puissent laisser libre cours à leurs pratiques.

Dans un coin de la pièce où il se trouve, l'infiltré aperçoit Homes qui continue de dépecer des tatouages sur un air de Vivaldi. Le bras fraîchement découpé est celui d'un homme exécuté par un palach dans la cour. Sa tempe est marquée de l'impact de la balle et l'hémoglobine a séché sur son épiderme. Le journaliste se souvient du bruit de la scie qui avait sectionné son os. Il voit alors le médecin s'adonner à son nouveau passe-temps. Il le fait avec minutie et concentration, il commence à découper le dessin qui représente une horloge entourée de fleurs, des roses. En voyant cette image, l'infiltré se dit qu'il aimerait arrêter le temps et hurler un grand coup pour décharger sa haine… S'il avait su, se dit-il, à quel point l'horreur entre ces murs serait déroutante, inqualifiable, intolérable, il n'aurait jamais accepté de se porter volontaire pour dénoncer ces expériences au monde entier. Car c'est bien pour ça qu'il est là, qu'il a intégré cet ignoble endroit, il se le répète chaque jour. Pour dénoncer, il faut des preuves, et il doit en fournir à son complice qui, en dehors des murs, passe toutes ses informations à un journal indépendant russe. C'est son travail de journaliste : il veut transmettre toutes les informations, qu'aucune injustice ou exaction ne soit censurée ou cachée. Quitte à prendre des risques inconsidérés comme ceux qu'il assume dans cette mission d'infiltration.

Homes termine de découper le dessin sur l'épiderme du membre pendant que l'infiltré change de pièce pour s'affairer au ménage des salles. Il passe près des lits qui sont occupés par des sujets soit aux portes de la mort, soit encore endormis ou tout simplement assommés, drogués. Il passe près de chacun d'entre eux avec un regard de pitié et un sentiment d'impuissance. Si seulement il n'était pas le seul infiltré de ce camp et que des renforts lui étaient envoyés !... Si seulement il pouvait quitter ce lieu aussi facilement qu'il y est entré ! Si seulement il pouvait cesser d'être le larbin de Homes, sa marionnette d'assistance !... C'est pourtant la seule solution pour faire avancer son investigation et mieux dénoncer ces actes barbares à ses complices de l'extérieur...

Dès que le médecin aura un moment d'inattention, il en profitera pour se précipiter sur ses feuilles et son stylo bleu, il prendra note de tout ce qu'il a vu aujourd'hui. Ensuite, il le transmettra à son messager dès qu'il le reverra. Chaque échange les met en danger de mort l'un comme l'autre. Lors de leur dernière rencontre, on lui a transmis un message encourageant : à l'extérieur, le gouvernement de Russie semblait prendre cette affaire au sérieux, et bientôt, ce serait l'Europe, le monde entier qui seraient estomaqués, choqués par tous les témoignages. Personne ne mérite de subir de tels actes, bien sûr. Pour que justice soit faite, il le sait, il va devoir apporter des preuves matérielles et prendre des photos à l'aide du mini-appareil dernière génération qui lui a été fourni. Il tourne alors discrètement la tête, fait semblant de ramasser un papier tombé derrière une commode en chêne et sort l'appareil aussi fin qu'un stylo qu'il a dû dissimuler dans la ceinture élastiquée de son pantalon car il ne doit pas être bêtement démasqué par ses ennemis.

Il fait mine de passer le balai autour des lits tout en surveillant que personne n'entre dans la pièce et commence à photographier les rapports des dossiers mais aussi l'homme allongé. C'est un sujet sur lequel Homes tente pour la première fois une nouvelle expérience. D'innombrables fils sont reliés de son crâne à une machine et toutes les trente secondes – le journaliste a compté –, une décharge est envoyée au patient. Il a entendu Homes parler dans son dictaphone et dire que c'était pour apprendre à contrôler leurs esprits, à effacer toute leur mémoire. Il espère, par ce biais, leur introduire des idées saines dans le crâne. Ou, au moins, leur faire oublier ce qui parasite leur cerveau. Pour cette expérimentation, Homes s'est inspiré des travaux pratiqués sur des êtres humains par la CIA à la fin des années 1950.

Juste à côté, un autre cobaye tourne la tête de droite à gauche, apeuré, et ne réagit qu'aux cris réguliers de son voisin. Car Homes et ses collègues ont, toujours dans un « but très avantageux » pour la science et la santé d'autrui, injecté de la tuberculine dans ses yeux, ce qui a rendu cet homme aveugle à tout jamais.

La *Cinquième Symphonie* de Beethoven s'achève à peine que Homes explose de colère. L'opération lui a échappé, une fois de plus... Il jette ses outils, ordonne à l'infiltré de tout nettoyer et de « laisser agoniser le nain jusqu'à son dernier souffle ». Puis il quitte la salle. L'infiltré n'a d'autre choix que d'obéir, il finit son tour de salle, photographie un cobaye qui a reçu une greffe de testicules d'un sujet sain... Homes pensait qu'il pouvait y avoir un problème de ce côté-là, qu'il fallait peut-être pallier un simple manque de virilité. Enfin, dans un coin de la pièce, un sujet féminin a été déplacé du bâtiment des dames jusqu'ici pour son tatouage, comme une demi-douzaine d'entre elles. Mais si elle est allongée ici, c'est parce que Aza Rabbit, qui était présente tout à l'heure, a voulu l'exciser à vif. Des hurlements comme ceux-là, il n'en avait encore jamais entendu de sa courte carrière dans le camp.

Il termine de prendre ses photos et dissimule à nouveau le stylo d'espionnage. Il note les matricules de chaque sujet, accompagnés de leurs véritables identités, sur de petits bouts de papier qu'il cache entre ses orteils. Il nettoie ensuite la pièce avec une rapidité exemplaire, en suivant les directives d'une maniaquerie impressionnante fournies par Homes.

CHAPITRE 25

Sylvain attend dans la cour que tout le monde soit rassemblé. Son passage à l'infirmerie a été aussi insupportable que les autres fois. Toujours autant de souffrances. Il n'en peut plus, ses bras, ses yeux et son dos ne supporteront sans doute pas une expérience de plus, son esprit, encore moins… Et pourtant Homes n'en a pas fini avec lui. Sylvain sait qu'il devra y retourner le lendemain.

Il n'a pas vu Olaf, le petit chien blanc qu'il a pu approcher avant de commencer sa journée. Il cherche ses acolytes et distingue très vite Said et Naourbi qui arrivent au loin. Ils ont le visage tuméfié, la démarche courbée et boitent à chaque pas avec un rictus de douleur. Au fur et à mesure qu'ils s'approchent, Sylvain remarque de nouveaux indices : leurs pyjamas sont couverts de sang par endroits, et il comprend que de nouvelles maltraitances ont eu lieu. Il ne voit pas Marius jusqu'au moment où, en fin de colonne, il l'aperçoit enfin, traîné par les bras, inconscient. Il semble gravement blessé à la main gauche. À l'approche du groupe, Sylvain distingue des morceaux de chair partant en lambeaux et des os ressortant de la plaie.

Son cœur s'affole dans sa poitrine. Il le croit mort jusqu'à ce que Marius bouge la tête en émettant un léger gémissement. Les jumeaux rejoignent Sylvain et lui racontent, toujours en anglais, l'attaque de Marius par l'un des chiens. Ces bêtes sont vraiment bonnes pour l'euthanasie, pense Sylvain. Il en a une peur bleue, alors qu'il a grandi entouré d'animaux. Mais ça, c'était avant, bien avant qu'il passe le portail du camp. Depuis, tout a changé. Il ne sera plus jamais le même, celui qui adorait raconter des blagues pourries qui n'amusaient que lui, celui qui allait à la salle de sport pour taper dans un sac, ou encore celui qui aimait la vie et tous ses imprévus. Il se dit que s'il sort d'ici, il n'aura plus le cœur à rire, ni à taper dans un sac. Au contraire, il ne supportera plus jamais aucune violence, n'en tolérera plus aucune… Même pas les tapes amicales et fraternelles que son pote Patrick lui assenait dans le dos à chaque fois qu'ils se voyaient. Ce qu'il sait surtout, c'est qu'il n'aimera jamais plus la vie, il a vu bien trop d'horreurs. Entre ces murs, il est en état de survie. Sylvain a, au plus profond de lui, une âme de battant, il veut croire qu'il sortira d'ici… vivant, pour tout dénoncer, pour que cette affaire ne soit pas enterrée, bien à l'abri dans quelques mémoires sadiques.

Il repense à son échange avec Marius. Il a partagé ses pensées avec lui, il doit convaincre son ami de le croire. En reparler avec lui, lui expliquer toutes les scènes dont il a été témoin avant que Marius n'arrive ici. Lui ouvrir les yeux : tous ces détenus parqués dans ces prisons secrètes ont été enlevés, comme eux, ils sont surveillés par des gardes armés qui ont l'attitude de militaires, le goût de la discipline, le sens du travail en équipe, la solidarité… La seule explication plausible est que l'État soit complice. Ils ne sont pas ici par hasard, et il en est convaincu. C'est l'orientation sexuelle de ces hommes qui leur est reprochée. Il a compris cela à certains comportements ou certains détails d'apparence que les détenus avaient à leur arrivée ici – avant qu'ils ne soient rasés et revêtus à l'unisson.

L'homosexualité pour lui n'est pas un tabou et pourtant... Dans une grande majorité des pays du monde, pour les religions, le christianisme, l'islam et le judaïsme, ces pratiques ne sont pas acceptées. Chaque jour, les homosexuels hommes et femmes sont les cibles de discriminations ou de persécutions, de nouvelles agressions homophobes sont recensées. Des citoyens manifestent pour interdire la légalisation de leur amour devant monsieur le maire ou encore leur accession à la parentalité. Pourquoi leur interdire de se marier ? Pourquoi se battre contre l'amour ? Pourquoi ne pas laisser un enfant grandir au sein d'une famille tout simplement aimante ? Les mentalités ont encore un long chemin à parcourir avant d'évoluer. S'accepter les uns les autres et admettre qu'un couple qui se balade dans la rue main dans la main ne va pas nous empêcher de vivre, ne va pas bouffer notre oxygène ou nous couper l'envie de boire ou manger.

Sylvain sort de ses pensées, appuie son dos contre son arbre favori et observe les derniers hommes qui arrivent péniblement pour l'appel du soir. Ce sont les plus faibles de tous, ceux qui ont été amputés ou trop frappés pour courir. Il s'assied difficilement et retire ses sabots trop petits qui lui compriment les pieds et se les masse avec douceur.

Il aperçoit soudain son petit compagnon à poils. Il se dirige lentement vers lui, pour ne pas attirer l'attention. Il le caresse pendant de longues minutes, lui parle avec beaucoup de douceur et lui chuchote ses secrets à l'oreille. Olaf se colle à sa main, couine de plaisir avant de se mettre à grogner en fixant un point au loin. Il détale à toute vitesse. Sylvain se retourne et voit alors un malinois qui passe, juste derrière lui. Il est tenu en laisse par un palach qui ne l'a même pas remarqué. Il remet ses chaussures de fortune aussi vite qu'il le peut et se dirige au centre de la cour prêt, à répondre à l'appel du matricule HS 0728.

Les numéros défilent, le temps est long, il sera appelé dans les derniers. En écoutant le palach annoncer tous ces matricules, il regarde autour de lui. Des hommes blessés, estropiés, amputés, impotents. Ceux-là sont en sursis, ils ne serviront plus longtemps, et Kerim et sa bande se chargeront bientôt d'eux, leur régleront leur compte. Il pense aux insultes, aux humiliations et aux expériences auxquelles il a été confronté. Après l'épisode de la petite boîte et son courant électrique envoyé dans son corps, il pensait avoir vécu l'événement le plus terrifiant de toute sa vie, jusqu'au jour où la folie de Homes est apparue au grand jour.

Il entend l'appel de son matricule, mais il ne veut pas répondre, il est las d'être à leur merci, fatigué de devoir jouer les robots soumis à des malades au sein d'un camp de malheur, de souffrance, d'humiliation, d'être un cobaye pour des expérimentations. Il est appelé une seconde fois et au lieu de répondre un simple oui pour confirmer sa présence dans les rangs, il s'avance d'un pas et fixe Kerim avant de s'asseoir. Une provocation inattendue de la part d'un bagnard qui jusque-là s'était à peu près bien tenu. Kerim s'avance vers lui et tente de le relever par la force en lui frappant le visage avec sa matraque. Sylvain sent s'ouvrir une balafre au coin de sa lèvre, il y porte les manches de son pyjama rayé pour éponger le liquide qui s'échappe de sa blessure, se relève et baisse la tête devant le regard fou du palach.

Il sait bien qu'il n'aura pas l'ascendant, qu'il est impuissant. Si seulement ils se battaient à armes égales avec ses gardiens, pense-t-il. Lui aussi il leur donnerait des coups, les soumettrait à des tortures insoupçonnées, les tuerait même, oui, sans aucun doute, sans aucun scrupule, il les frapperait, leur cracherait et leur pisserait dessus jusqu'à ce qu'ils le supplient de les achever. Il vengerait les hommes morts avant lui en reproduisant toutes les horreurs que ceux-ci ont dû endurer, il terminerait cette séance en les sodomisant avec une branche trouvée dans la cour avant de les abattre d'une balle en plein crâne et de les incinérer.

Il est maintenant dans sa cellule, la distribution de la soupe vient de se finir et, ce soir, il n'y a pas le moindre morceau de légume. Il s'installe sur sa couche et pose son bol en inox rempli de bouillon près de lui. Il se demande combien de victimes sont déjà tombées sous les idées folles de celui qui est à l'origine de ce chaos.

Il repense à ce devoir travaillé avec ses filles. Elles devaient faire une recherche sur les criminels politiques de l'Histoire. Ce fut un classement mortifère : Mao, Staline, Hitler. Des millions de victimes à cause d'hommes aux idées démesurément folles qui ont endoctriné des centaines de milliers de personnes. Sylvain pense qu'il existe toujours des extrémistes à travers le monde qui, pour des considérations raciales, ethniques, politiques, religieuses ou autre, vouent un culte à des criminels de guerre. La mission de leur vie est de poursuivre la quête de celui qu'ils ont idéalisé, idolâtré.

Naourbi le sort de ses songes en lui touchant doucement le bras. Sylvain lève la tête et voit qu'il lui tend un morceau de carotte pour le baigner dans son bouillon. Ce geste, aussi modeste soit-il, lui redonne foi en l'humain. Il ressent la solidarité et l'empathie, qu'il pensait perdues à jamais. Son seul regret est que Marius ne soit pas là pour en profiter, qu'il ne soit pas là tout court. Son ami lui manque et il espère qu'il réintégrera vite leur cellule.

CHAPITRE 26

Kerim est né et a vieilli ici, dans le versant nord des montagnes du Caucase, à Argoun plus précisément. Il est l'aîné d'une fratrie de six enfants. Ils ont tous grandi en ville, au milieu de buildings d'acier. Son père, Mukhamed, était un haut fonctionnaire dans la finance et gagnait suffisamment sa vie pour qu'ils puissent toutes et tous vivre confortablement, manger à leur faim et profiter des plaisirs de la vie. Kerim était le seul garçon et faisait la fierté de son père qui l'a dès son plus jeune âge – dès ses premiers pas – initié aux sports de combat : le Mixed Martial Arts en particulier, plus communément appelé MMA.

Pour les dix ans de Kerim, Mukhamed, qui pratiquait ce sport, l'a emmené assister à un combat, « en vrai ». Ils étaient au premier rang, dans le « Carré Or »… Kerim se souvient de l'immense cage et de la foule qui hurlait pour encourager le combattant sur lequel elle avait misé. Les deux hommes se donnaient tous les coups possibles, puisqu'ils étaient tous permis… Son père, lui, cognait de sa main droite dans le vide en tenant une liasse impressionnante de billets dans l'autre main. Chaque prise était d'une violence folle, coups de pied dans les côtes, coups de poing en plein visage, coups de genou et de coude dans l'abdomen. Une fois l'adversaire au sol, le combattant en position de force avait enroulé son bras autour de la gorge de son assaillant et avait continué à frapper encore et encore sous les encouragements de son public. Il y avait du sang sur le ring et le visage de celui qui venait d'être battu par K.-O. était tuméfié. Il avait une arcade sourcilière explosée, et Kerim l'avait même vu perdre des morceaux de dent. C'est ce combat qui lui a donné envie d'être fort et d'avoir « de gros muscles ». Il a voulu être un des leurs quand il serait grand !

Il s'est entraîné pour devenir champion, pendant des années et des années, mais n'y est jamais parvenu. C'est l'échec de sa vie. Heureusement, il n'a jamais mis ses études de côté, ses parents y ont strictement veillé, et il a donc pu intégrer les forces de police à un grade élevé pour commencer sa carrière.

Aujourd'hui, il a trente-trois ans, il est marié depuis bientôt cinq ans à Tatiana et est père de deux enfants. Un garçon et une fille, de trois et deux ans – « le choix du roi », ce qui ne l'empêchera sans doute pas d'en avoir d'autres. Il passe le plus clair de son temps libre à la salle de sport. Il doit bien entretenir son corps et sa musculature, enviés par beaucoup dans son quartier… Kerim, c'est cent soixante-quinze centimètres pour quatre-vingts kilos de muscles, pas un gramme de graisse, il y fait très attention. Beaucoup de rigueur mais surtout un sévère régime alimentaire, constitué exclusivement de légumes verts et de protéines, jamais de sucres ou de matières grasses. Il aime montrer une virilité exacerbée, il doit être le plus fort dans le camp et éliminer tous ces parasites.

Depuis quelques jours, il y en a un qui se rebelle et qui l'a même bousculé, envoyé au tapis, par effet de surprise. Il s'est promis qu'il allait se venger de cet affront.

Personne dans le centre, et encore moins l'un des détenus, ne doit avoir le moindre ascendant sur lui.

Il a rejoint ce camp dès ses débuts. Il était chef de la police, organisait de nombreux safaris, et il n'a pas pu refuser le poste. C'était une trop belle opportunité, une éclatante promotion, un honneur de participer à ces traques et d'être entre ces murs pour châtier ces terroristes. C'est devenu une priorité, sa priorité. Il veut avant tout protéger ses enfants et ceux de son pays de ce fléau. Il se surprend à repenser au discours du nouveau chef de la police lors d'une assemblée très privée.

— Ces hommes et ces femmes, même si nous en avons capturé une grande majorité de la gent masculine, n'ont aucune fierté, ils creusent leurs tombes tout seuls... L'horreur, ce sont eux qui la propagent. Chaque enfant l'apprend dès son plus jeune âge en cours d'éducation civique : les principaux comportements déviants sont l'alcoolisme, la toxicomanie, la criminalité et... ça. Je n'arrive même pas à prononcer le nom de ce mal tellement il me dégoûte. En tant que policiers, nous avons dû faire face à de nombreuses attaques. Aujourd'hui, nous devons l'affronter avec pugnacité, c'est la forme la plus dangereuse du terrorisme, qu'aucun d'entre nous ne comprend. Vous devez les arrêter avant que nos enfants ne rejoignent leurs rangs !

En effet, pense Kerim, un terroriste, avant qu'il ne passe à l'acte, on peut encore le rééduquer mais eux... non, on ne peut pas. Nous avons vaincu, comme le dit si bien l'État, ceux qui disaient tuer au nom de leur Dieu, les femmes aussi, qui ne portaient pas le voile ou qui le portaient de façon incorrecte, ainsi que les conducteurs en état d'ébriété... Tous ont connu la prison, la torture. Ils ont abdiqué et répondu aux attentes du gouvernement.

Le problème avec ceux-là, c'est que leur mal est contagieux car ils font de la propagande.

Un jour, il a reconnu parmi les détenus un ancien professeur de son neveu, Ayoub, qui avait alors six ans à l'époque. Comment un tel suppôt de Satan pouvait-il se retrouver dans l'enseignement ? En intégrant, en noyautant l'école, ces démons obtiennent un accès sans contrôle aux psychismes des enfants. Ils les persécutent et les chérubins tombent ensuite malades. Ils incitent les mômes à les imiter, et en faisant cela, ils détruisent la société. Ils sont les ennemis du peuple. Kerim et ses acolytes savent qu'ils sont ici pour éradiquer ce mal contagieux, pour purifier la nation. Ils doivent tuer cette génération pour être sûrs qu'il n'y en aura pas une nouvelle. Ce professeur, Dieu merci, n'avait pas endoctriné son neveu dans ses actes démoniaques.

Avoir un parent qui commet ça, pense Kerim, c'est la honte de la famille. Elle n'a plus d'honneur et ne sera plus jamais respectée… Le mois dernier, ses voisins ont surpris leur fils prêt à passer à l'acte, ils ont pris leur carabine et lui ont tiré une balle entre les deux yeux avant de l'enterrer comme un chien sur un terrain abandonné. Heureusement, pas de ça chez lui. Dans sa famille, les hommes et femmes de son arbre généalogique ont un sang pur, sans anomalie. Sa sœur Olga a réussi à le prouver en remontant aussi haut qu'elle l'a pu dans leurs ascendants. Sinon, il n'aurait jamais atteint un tel niveau hiérarchique ni espéré participer à l'éradication de ces anormaux.

Lorsque les médecins ont fini de travailler sur les patients et d'effectuer des recherches, si ces tests ne les ont pas tués, ce sont toujours Kerim et ses collègues qui se chargent de finir le travail de Homes. Ils les frappent à coups de pied jusqu'à ce que mort s'ensuive. Ce qu'il préfère, lui, c'est la torture. Pour les punir, il les sodomise avec sa matraque, leur scarifie le corps aux chiffres du diable, leur arrache les ongles, leur plante un couteau en plein cœur. Il aime surtout les déchirements que provoquent la lame de son couteau tactique RUI-19475, sa matraque ou son fouet. Il y a cependant certains cobayes, les jumeaux par exemple, auxquels il ne doit pas toucher, car ils sont importants pour Homes.

Son pays ne sera pas bafoué, il lavera leurs péchés dans leur propre sang, sans aucun scrupule. Chaque matin avant de passer le seuil de ces bâtisses, il lit à voix haute l'imposante pancarte accrochée sur la grille en fer rouillé de l'entrée. Il embrasse ses doigts, les pose sur l'inscription et frappe avec fierté sa poitrine, du côté gauche, car ce qu'il réalise quotidiennement, il l'accomplit avec tout son cœur, par amour pour son pays. Ce mantra, il aime se le répéter, plusieurs fois par jour, il l'a même fait apprendre par cœur à ses enfants et à ses neveux et nièces :

— Ils sont le démon, pas des êtres humains,
Gloire à Dieu, pour purifier notre sang.

CHAPITRE 27

Homes est seul dans l'infirmerie, il contemple les lits occupés par les sujets de ses expériences, lit leurs dossiers où sont inscrits les constantes, les rythmes cardiaques, et vérifie d'un coup d'œil leur taux d'oxygène dans le sang sur l'écran de la machine médicale. Il se laisse bercer par la mélodie de Vivaldi, un prêtre de l'Église catholique qui était un virtuose du violon parmi les plus célèbres et les plus admirés de son temps.

Les Quatre Saisons est le nom donné à quatre concertos pour violon qui ont connu un immense succès, en particulier à Londres et à Paris, après être restés plus de deux cents ans dans l'oubli. Cette œuvre est la préférée du médecin, il en a écouté toutes les versions car elle a été interprétée et enregistrée de multiples fois par des orchestres ou même des violonistes très talentueux tels que Yehudi Menuhin ou Pinchas Zukerman. Homes aime particulièrement le timbre de cet instrument accompagné d'un orchestre de chambre dans cette pièce. La mélodie accompagne les battements de son cœur.

Alors que les notes du premier concerto, *Le Printemps*, résonnent dans la salle, Homes enfile ses gants en latex et positionne son masque devant sa bouche. La majesté de la musique est ponctuée de chants d'oiseaux, du bruit des ruisseaux, de celui de l'herbe qui frissonne et même de l'aboiement d'un chien. Homes s'avance vers sa prochaine victime, à sa droite, celle à qui il a administré de la tuberculine par piqûre dans les yeux. Il a fait le choix de pratiquer des tests sur la vision des cobayes. Ces hommes et ces femmes coupables de toutes ces bestialités voient peut-être la vie, le monde, autrement. Ils ont sans doute une représentation de leur environnement et des personnes qui les entourent qui est différente de la nôtre, estime-t-il.

Il utilise une lampe de poche dont il dirige le faisceau lumineux dans les rétines du cobaye, il le passe de gauche à droite, puis de haut en bas mais il ne constate aucune dilatation de la pupille. L'aveugle sanglote, secoue la tête de chaque côté et lui demande de lui « rendre ses yeux » en tendant la main pour l'atteindre, en vain. Homes consulte son dossier : il a déjà engagé une multitude d'expérimentations sur ce sujet, il ne lui reste plus qu'à le disséquer, pour l'analyser de l'intérieur.

Il se dirige vers l'armoire à pharmacie et prend le flacon de chloroforme, en remplit une seringue et la lui plante en plein cœur sans la moindre hésitation. Sa mort sera rapide et moins douloureuse que s'il l'avait confié aux mains expertes des gardiens. Il l'observe en train de mourir sur les dernières mesures du troisième mouvement et récite la fin du sonnet que Vivaldi avait préalablement écrit avant de réaliser son œuvre musicale et qu'il lui connaît sur le bout des doigts.

— *Au son festif de la musette / Dansent les nymphes et les bergers / Sous le brillant firmament du printemps…*

Il se dirige ensuite vers son second pantin au rythme du deuxième concerto, *L'Été*, et avant de prendre ses constantes, il continue de réciter les vers :

— *Sous la dure saison écrasée du soleil, / Homme et troupeaux se languissent, et s'embrase le pin. / Le coucou se fait entendre, et bientôt d'une seule voix, / Chantent la tourterelle et le chardonneret.*

Il se retrouve face au patient dont le cerveau a subi des impulsions électriques répétées depuis maintenant des heures. Homes dresse son bilan et il doit se rendre à l'évidence : l'homme est en état de mort cérébrale, c'est un nouvel échec. La rage commence à le prendre aux tripes. Il a perdu le nain, alors qu'il aurait pu améliorer sa pratique sur cette opération, il aurait dû, au vu de ses extraordinaires facultés, égaler le talent d'un orthopédiste même s'il ne possède aucune qualification particulière dans ce domaine… Il aurait ainsi surtout pu s'en vanter auprès de ses collègues.

Il cesse de réciter les vers de la poésie en fond de concerto et assouvit sa colère sur son modèle en l'éventrant, juste pour le plaisir. Il s'arrête de charcuter la pauvre victime une fois que le troisième mouvement, qui évoque un orage et le tonnerre grondant à plusieurs reprises, est achevé.

Sur les notes du concerto dédié à l'automne, les premiers vers du poème lui rappellent son père :

— *Par des chants et par des danses, / Le paysan célèbre l'heureuse récolte / Et la liqueur de Bacchus / Conclut la joie par le sommeil.*

C'est la partie de l'œuvre qu'il préfère entre les quatre. Ces danses, ces chants des paysans, ces chasses mais aussi, et surtout, cette infinie douceur… C'est ce qu'il choisit souvent d'écouter avant de plonger dans le sommeil. Son rythme cardiaque revient à la normale, battement après battement. Il change ses gants, son masque et sa blouse qui sont recouverts de traces en tout genre.

Il s'avance ensuite vers le troisième sujet du jour : le greffé des testicules. L'homme a un pansement à l'entrejambe, que le médecin enlève avec douceur afin de ne pas abîmer son travail. Grâce à l'intervention de la ministre qui lui a envoyé une dépouille saine, il a pu greffer un organe en bon état sur ce patient atteint. Il avait peu entendu parler de cette technique qui se pratique depuis le début du XXe siècle sur les humains. Il espère que la clef du problème vient de là et prie pour que le malade ne fasse pas de rejet, car tout système immunitaire détecte ce qui ne lui appartient pas et met en action un processus défensif qui peut détruire et rejeter un intrus.

La greffe a été complexe, ces organes génitaux sont de véritables usines, de la puberté jusqu'à la fin de la vie. Il lui reste maintenant à vérifier que cette pratique n'a pas altéré la fonction sexuelle mais plutôt augmenté la virilité de son patient. Le pansement est complètement retiré et tout semble parfait, le détenu va devoir cependant rester dans son infirmerie pour qu'il le surveille de près. Il pourra savoir si le problème, tout du moins pour les hommes, vient de là. Il lui montrera des vidéos, pour voir si son pénis monte en érection devant des corps de femmes, il pourrait même lui amener une des détenues directement et le laisser lui montrer les prouesses sexuelles dont il est capable avec une nouvelle paire de couilles.

L'œuvre de Vivaldi s'achève sur *L'Hiver*, qui est ponctué de pizzicati sur les cordes hautes. Les notes font penser à une pluie glaciale, au craquement de la glace et embrassent la totalité du poème. C'est le dernier des concertos, et Homes s'avance vers son dernier sujet du jour ; c'est une femme, la seule de cette pièce. Il y a plusieurs jours, Aza a pratiqué une excision et a transféré le cobaye ici, faute de place au bâtiment des femmes, pour que Homes puisse prélever son tatouage. Une ablation externe prépondérante du clitoris, de son capuchon et des petites lèvres a été effectuée sans anesthésie, et les cris de la femme lui ont tapé sur le système. Tout plaisir sexuel serait désormais banni de sa vie, et il allait vite le vérifier. Il lui écarte les jambes et les entrave avec des sangles au niveau des chevilles. Il déboutonne son pantalon, sort son sexe encore aussi ridiculement mou que petit, puis commence à se masturber doucement. Sur le deuxième mouvement, son pénis grossit au fils des vers qu'il récite en murmurant :

— *Passer auprès du feu des jours calmes et contents, / Alors que la pluie, dehors, verse à torrents.*

Il enfile un préservatif, pénètre la femme de deux doigts, puis de trois. La femme se débat autant qu'elle le peut. Il la maintient de ses deux mains au niveau du bassin et la pénètre avec violence, il la réduit au silence d'une claque en plein visage qui entaille sa joue au moment où elle appelle au secours. Il donne des coups de bassin de plus en plus forts au point que le lit se déplace sur quelques centimètres. La femme cesse de le repousser et de grosses larmes coulent sur ses joues, elle l'implore d'arrêter mais un morceau de tissu enfoncé dans sa gorge étouffe ses suppliques. Homes retire son préservatif et éjacule sur la peau mutilée de son ventre dans un bruit de bête sur les premières notes du troisième mouvement. Il constate que l'excision est une réussite car elle n'a joui à aucun moment, constate-t-il. C'était son premier viol, tout au moins dans cet hôpital, mais comme Aza avait besoin de volontaires pour vérifier l'abolition du plaisir sexuel des femmes excisées, il a bien voulu se sacrifier… Et voir celle-ci se défendre, hurler et pleurer lui a donné un plaisir paroxystique, au-delà de tout orgasme.

CHAPITRE 28

Je me réveille, la douleur extrême de ma main électrise tout le côté gauche de mon corps et me rappelle les derniers événements à la ferme. Dans un flash, je revois le chien qui m'attrape et toute la puissance de sa mâchoire qui me broie les doigts. Je promène mon regard autour de la pièce et alors que les premières mesures du *Boléro* de Ravel se propagent entre les murs, j'aperçois les contours d'une silhouette qui s'approche de moi.

La mélodie est entraînante, je referme les yeux pour me laisser bercer par mes souvenirs, je me souviens d'avoir étudié cette œuvre au collège, avec l'aide précieuse de mon père. Soudain, un baiser se pose sur ma joue, j'ouvre doucement les paupières et un sentiment indescriptible envahit mon organisme tout entier. Je suis pris de tremblements incontrôlables, ma bouche se dessèche, l'émotion mc prive de parole et me remplit les yeux de larmes pour laisser mon cœur battre la chamade. Camille est là, face à moi. Son visage n'a plus une seule marque de coup ni de sang séché. Sa peau est toujours aussi lisse, sans la moindre imperfection, ses yeux bleus sont marqués de légers cernes. Ses lèvres sont toujours aussi désirables et je rêve de pouvoir l'embrasser pendant de longues minutes. J'ai envie de lui expliquer, de lui raconter les châtiments, le manque et l'asphyxie abominable que j'ai vécus ici, sans pouvoir lui exprimer mon amour. C'est son doigt qui se pose avec douceur sur mes lèvres, et sa voix qui résonne dans mon oreille pour me murmurer quelque chose :

— Alors, HS 7244… Quoi de nouveau à me raconter ?

Je fixe le visage et je vois ses traits se modifier de façon monstrueuse sous mes yeux. Au fur et à mesure de ses paroles, sa bouche se déforme dans une grimace hideuse, ses yeux fondent et retombent le long de ses joues, comme si de l'acide était déversé sur sa peau. Son corps entier se tord dans tous les sens et un braillement sort de sa gorge.

Je me réveille en sursaut de ce nouveau cauchemar abominable. Camille n'est plus là, mais le cri, lui, est toujours présent. Il provient d'un détenu qui ne supporte plus les violences infligées et qui crie en secouant la tête en gardant les yeux fermés. Je me débats en essayant de crier plus fort que mon voisin. Je ne peux rien tolérer de plus. Alors je hurle, je veux hurler si fort que même ma mère va m'entendre devant les fourneaux de sa grande maison mancelle et va venir me délivrer des griffes de ces monstres. Maman… Elle m'a protégé toute ma vie, m'a toujours soutenu et a couvert un nombre incalculable de mes bêtises de jeunesse. Je veux qu'elle vienne ici, qu'elle nous délivre, Camille et moi, et qu'elle me berce comme dans mon enfance quand je me réveillais en pleurant en plein milieu de la nuit ou encore quand elle pansait les plaies de mes chagrins d'amour.

Je me suis arrêté de crier d'un seul coup et je murmure maintenant le prénom de mon amour, je l'appelle dans un monologue suppliant en observant le sang s'écouler de l'entrejambe de la dernière victime de Homes.

— Tais-toi ! Tu ne m'as pas répondu… Qu'as-tu à m'apprendre ? Parle-moi un peu de ta journée avec les jumeaux, je vais m'attaquer à leur cas et je veux connaître leur résistance avant de commencer mes travaux.

Je n'ai rien de spécial à lui dire, mais je lui raconte que Naourbi est plus résistant à la tâche que Said qui a été obligé de se reposer pour être capable de finir sa journée, je passe sous silence le moment où il a mangé dans le râtelier des chevaux. Je lui parle de leur solidarité et de l'amour fraternel qui semble les unir d'une manière indéfectible et du moment où ils ont voulu s'interposer entre les gardiens et moi quand le chien m'a attaqué.

Ma réponse le contrarie, il me reproche d'être un incapable, il m'assure qu'il ne fera plus aucune recherche sur Camille et qu'il va m'abandonner entre les mains des palachs. Je le supplie de me laisser une dernière chance, je justifie mon absence d'information en lui expliquant que si je me suis éloigné de la grange, c'est justement pour savoir si ma moitié y travaillait, si je pouvais l'apercevoir juste quelques secondes… Puis, dans un murmure, je lui parle du vol de Naourbi, il me rit au nez : mes « informations » sont pitoyables.

— Après de si étonnantes révélations, le temps est venu de poursuivre nos chères petites expériences. La réaction de ton épiderme face aux brûlures…

CHAPITRE 29

Il a réussi à donner ses dernières photos et ses messages à son contact extérieur sans éveiller aucun soupçon mais il a compris qu'il n'a plus beaucoup de temps devant lui. Il sait qu'il est précieux ici, que chaque jour passé à espionner ces détraqués est une victoire de la vie. Il sait que le temps est compté pour chacun d'entre eux. Alors il note minutieusement tout ce qu'il voit. Il continue de prier chaque soir pour que l'aide de ses complices, si attendue, arrive enfin et délivre toutes ces pauvres victimes, lui y compris. Mais son Dieu ne semble pas l'écouter.

Homes et sa bande ont une imagination plus que débordante pour répandre l'humiliation et la barbarie à travers ce camp, ce pays de l'horreur. Les geôles ne sont que des logements attribués à titre temporaire, et ces hommes et ces femmes sont des cadavres ambulants, en sursis, futur terreau de la ferme, quand leurs corps auront été décomposés.

Il a passé une nuit affreuse, et ce matin, juste après avoir bu son café, les gardiens l'ont emmené dans l'infirmerie. Aujourd'hui, il doit livrer la soupe aux patients. L'infiltré est dans ce que l'on pourrait appeler la salle de la mort, car quasiment tous les sujets ici présents sont condamnés, aucun d'entre eux ou presque ne prendra de repas, ils sont tous inconscients. L'infiltré y retrouve les quatre individus qu'il a photographiés l'autre jour.

La femme est toujours là, sa joue présente une balafre, elle le scrute d'un air apeuré… Quand il parcourt son corps, il peut voir qu'elle est encore sanglée, le sexe recouvert de sang, car les points de suture de l'excision ont sauté, et qu'un préservatif usagé est au pied du lit, pas besoin de dessin, il comprend. Ça aussi, il le dénoncera. Cette femme pourrait être la sienne, ou bien sa sœur… Il dépose, avec beaucoup de précautions, pour ne pas l'effrayer davantage, un bol de soupe sur la petite table posée à sa droite.

Il continue sa tournée morbide avec l'individu qui est aveugle à cause de l'injection de tuberculine dans les yeux. Homes lui a dit ce qu'il avait entrepris sur tous les patients de la salle, par sadisme, par fierté. L'homme greffé des testicules a le sexe lacéré. L'infiltré apprend que la greffe a été un échec suite à une incompatibilité immunologique. Le receveur a rejeté le greffon seulement quelques heures après l'intervention chirurgicale. Il prend le temps de couvrir le corps du tissu blanc prévu à cet effet, avant que le défunt ne soit transféré à l'incinération pour effacer toute trace de son passage en ces lieux.

Le médecin prend tellement le journaliste infiltré pour son larbin, son esclave, sa larve, qu'il ne se méfie pas de lui, il le laisse passer d'une pièce à l'autre, pas trop loin non plus. Il croit l'utiliser pour ses petits travaux, mais la réalité est bien différente. L'infiltré entre dans une autre salle pour continuer la distribution du repas. La pièce contient six lits, mais seuls trois sont occupés. Un nouveau condamné est allongé sur le ventre, les mains et les pieds liés. Il présente des marques de piqûres dans le dos. Il se tord de douleur et semble implorer d'être achevé. Si seulement l'infiltré avait le pouvoir de mettre fin à son agonie comme à celle des autres, il le ferait sans hésiter.

À leur place, c'est ce qu'il voudrait... Il l'a toujours dit à ses proches : si un jour il doit se trouver dans un état de souffrance physique ou psychique constante et insupportable, il souhaite être euthanasié. Pourquoi laisser endurer à un être humain un lent trépas alors que nous sommes plus cléments envers les animaux et ne leur imposons pas ce sort ? Pourquoi ne pas offrir la délivrance de l'âme quand la souffrance s'immisce de façon incontrôlable dans notre chair, nos veines et notre esprit ? Combien de personnes ont pensé un jour mettre un terme à l'agonie d'un de leurs proches ?

Cet homme, sur ce lit, c'est un peu comme son frère de combat. Ils mènent la même lutte, mais la vivent de façon bien différente. L'infiltré sent qu'il ne pourra jamais accepter ce qu'il a vu. Il ne pourra plus se regarder dans un miroir, ça, il en est sûr. Il se souvient des premières expériences dont il a été victime et de la stupéfaction de Homes face à sa résistance. Cette résistance, qui lui a été inculquée lors des diverses étapes de sa formation de militaire, lui a permis d'arriver où il en est et d'avoir une vision presque à trois cent soixante degrés sur les coulisses du stratagème d'éradication machiavélique mis en place. Il continue d'avancer et voit un homme à demi nu dont le bas des jambes et les pieds ont été brûlés au phosphore. Ces brûlures chimiques sont rares, graves et extrêmement douloureuses. Il sait qu'elles peuvent être mortelles, il devine la souffrance du cobaye humain à la profondeur de celles-ci, les lambeaux de peau retombent sur les côtés, des trous se sont creusés par endroits et les plaies suppurent malgré les premiers soins effectués.

Au fond de la salle, il y a un détenu endormi. Une fois à son chevet, il remarque un bandage sur la main gauche.

Il a reçu des soins presque convenables et enviables en comparaison de tout ce que l'espion a vu jusqu'ici. Le pansement est très fin, les compresses sont recouvertes de sang, et au fur et à mesure qu'il déroule les bandes, il remarque que la blessure a été soignée et que le patient a même été suturé. L'infiltré dépose le bol de soupe sur un guéridon en prenant soin d'y glisser des petits morceaux de légume, comme un cadeau d'encouragement pour une guérison plus rapide mais il remarque que de l'autre côté, à droite, le bras tout entier est recouvert de tulle gras, sans doute suite à son immersion dans un liquide bouillant qui lui a occasionné une brûlure au second degré. Comment pourra-t-il manger tout seul ?

Un profond soupir sort de la bouche de ce détenu. L'infiltré l'observe pour la première fois. D'habitude, il s'efforce de ne pas trop dévisager les patients pour ne pas se trahir lui-même s'il venait à les recroiser dans les couloirs de cet « hôpital ». Il le reconnaît immédiatement, et ressent une profonde tristesse et une impuissance à ne pas pouvoir le sortir de cet enfer, ici, tout de suite, maintenant. Il craint que l'homme ne le voie mais il est visiblement comateux et garde les yeux clos. Rares sont les prisonniers qui ressortent vivants de ce genre de péripéties. Il se demande si celui qui est allongé face à lui en a conscience. Il relève son numéro de matricule, comme il l'a noté pour tous les autres, afin de tout retranscrire et de tout communiquer à ses complices. Seulement, pour celui-là, il n'aura pas besoin de fournir beaucoup d'efforts pour se remémorer ces instants.

Il sait qu'il est là pour tout dénoncer, et qu'il doit sacrifier des victimes pour pouvoir le faire, mais sa conscience voit les choses autrement. La culpabilité le ronge. Les actes dont il se rend complice, même s'il les accomplit parce qu'il y est contraint, salissent son honneur.

Une infirmière entre dans la salle, le chasse d'un regard méprisant. Homes, qui a enfin relevé le nez de ses dossiers, lui intime l'ordre de retourner avec les autres parasites. Il quitte la salle en prenant soin de repasser par celle où gisent les corps de la femme violée et des trois derniers cadavres du docteur de la mort. Il va près du lit où il cache ses morceaux de papier et son stylo. Il remet tout en place, mais avec trop de précipitation, si bien qu'il en déchire une partie. Il fait une boule de papier – pas le temps de plier les morceaux – et la cale sous ses orteils, au bout de sa chaussure. Avant de sortir et alors qu'il tourne une dernière fois la tête derrière lui en appuyant sur la poignée de la porte, il se rend compte qu'il a laissé tomber un papier par terre.

CHAPITRE 30

Depuis trois jours, Sylvain passe ses matinées à l'infirmerie. À chaque fois, il en ressort avec de nouveaux bandages. L'après-midi, il est à la ferme avec Naourbi et Said. Nombreux sont les détenus qui tombent de fatigue avant la fin de la journée. Une certaine solidarité s'est mise en place, les plus résistants s'acquittent du double de travail pendant que les plus faibles en font moins. Car depuis l'incident pendant lequel Marius a tenté de sortir de la grange, les palachs surveillent leur labeur avec plus de vigilance et ne tolèrent aucune forme de repos. Sylvain a cependant remarqué qu'environ quinze minutes avant la fin de la journée, les geôliers relâchent quelque peu leur attention et s'octroient un verre de vodka. Eux n'ont même pas un verre d'eau, pour le coup il est content de ne pas être en plein été sous une chaleur écrasante qui rendrait leur tâche encore plus pénible.

La journée est bientôt terminée, il a appris à se repérer dans le temps grâce au soleil. De là où ils se trouvent, ils n'ont aucun accès aux sanitaires et Said, qui ne peut plus contrôler ses sphincters, se fait dessus. Ses excréments tachent le tissu de son pyjama et diffusent une odeur nauséabonde dans toute la grange. Il en pleure de honte, regarde ses camarades comme si son honneur était bafoué. Son frère le couvre d'un regard compatissant et empli de tendresse, avant de se dresser face aux gardiens de l'enfer qui arrivent dangereusement vers eux, à la fois moqueurs et méprisants. Une lueur malsaine illumine leurs regards, ils semblent prêts à assouvir leur colère titanesque, démoniaque.

Sylvain comprend qu'il n'y aura pas de pause vodka aujourd'hui… Avant de tenter toute manœuvre contre Said, les palachs tirent à deux reprises sur Naourbi à l'aide de leurs pistolets à impulsion électrique, ce qui le force à se coucher brutalement malgré sa stature imposante. Les bourreaux en profitent pour le menotter contre un poteau, malgré tous les spasmes qui le traversent. Toute l'attention des gardiens est axée sur leur victime du jour, ils s'en frottent même les mains.

Sylvain aimerait trouver le courage de profiter de cette occasion pour s'échapper. Il le voudrait vraiment, mais il ne peut pas partir seul, il doit pouvoir s'enfuir avec Marius et les jumeaux, auxquels il s'est aussi attaché au fil du temps. Et puis, il y a Olaf, et les instants de tendresse partagés, toutes les confidences qu'il lui fait quand il lui parle comme à un ami.

Mais il reste spectateur, paralysé, impuissant, et il baisse les yeux avec honte… La honte de ne pas avoir les couilles de s'interposer, de répondre aux provocations, de s'enfuir. Il était tellement courageux dans sa vie d'avant, il était le premier à se rebeller contre tout, le premier à se porter volontaire pour défendre les plus faibles et les plus démunis. Aujourd'hui, il se dit qu'il est un pauvre être diminué, à la limite de ce qui sépare l'homme de l'animal. Cette vie le rend témoin impuissant d'une sauvagerie inqualifiable.

Said est déposé à plat ventre sur une table en bois, nu. À aucun moment il ne lâche le regard de Naourbi, qui a repris connaissance. Rien ou presque ne semble exister autour d'eux, ils sont connectés l'un à l'autre, ils puisent leur force dans l'amour fraternel qu'ils ressentent l'un pour l'autre. Seul le haut du corps de Said est couché contre la planche de bois, ses jambes sont tendues, ses pieds touchent le sol et une planche de bois est posée contre ses mollets afin de l'empêcher de bouger. Ses bras sont tendus au-dessus de sa tête et ses poignets sont attachés par d'épaisses sangles en cuir. Vu sa position et sa nudité, Sylvain, presque blasé, s'attend à un nouveau viol. Il ne les compte plus, depuis longtemps.

Mais les six gardiens en faction l'entourent, chacun une large baguette de bois entre les mains, qu'ils agitent avec plaisir et provocation. Ces monstres se poussent du coude pour savoir qui sera celui qui débutera le châtiment, à croire qu'ils jouent leur virilité en plus du plaisir ultime de punir leur victime du jour comme ils le souhaitent. Les premiers coups sont donnés avec violence, brutalité, excès, et surtout une haine incommensurable.

Said hurle de douleur et les marques cinglent son épiderme. Plus les coups volent, plus les lacérations de son dos s'élargissent, le recouvrant de sang, qui coule jusque sur ses jambes. Naourbi se débat de toutes ses forces et laisse échapper sa peine, il pleure à chaudes larmes, pour la première fois ici. Ses sanglots déclenchent de grands éclats de rire chez les exécutants, qui continuent de frapper son frère en le fixant droit dans les yeux, le narguant, blessure supplémentaire. Pour clore le châtiment, l'un d'entre eux attrape du bout de sa matraque le bas de pyjama maculé de selles et en barbouille le visage de Said avec jubilation. L'odeur contre sa bouche est sur le point de faire vomir Said, et il secoue la tête dans un mouvement de dénégation avant de pincer les lèvres, aussi fort qu'il peut.

Alors que le fustigé perd connaissance, les palachs se tournent vers son jumeau, qui est dans un tel état de rage que les poteaux auxquels il est attaché commencent à montrer des signes de faiblesse. Il finit assommé par un violent choc infligé sur le haut du crâne. Deux larges planches de bois, où des araignées se baladent, forment un brancard improvisé, et une dizaine d'ouvriers sont réquisitionnés pour emmener les deux frères en direction de l'infirmerie.

Sylvain reprend son travail comme tous les automates qui sont dans sa section. Bien malgré lui, il se dit qu'il préférerait être à l'infirmerie ou travailler à l'épluchage des légumes car la tâche y est moins rude, moins pénible d'un point de vue physique. Les horreurs, où qu'il soit, il en verra. Il regarde ses deux amis allongés, inconscients, qui s'éloignent au rythme du martèlement des bottes des tortionnaires de cet enfer, et la pensée que l'agonie est pire que tout le traverse. L'agonie vous fouette, vous scarifie, elle vous torture, vous brûle, vous frappe et vous affame jusqu'à ce que votre cœur et votre esprit soient aussi noirs et emplis de haine que ceux de vos bourreaux.

Sylvain est sorti de ses songes macabres par un coup de matraque envoyé dans les jambes. Le palach lui ordonne de reprendre le travail. Il ignore alors la douleur, saisit sa fourche et déplace les énormes bottes de paille malgré la douleur qui irradie dans ses jambes à chaque mouvement. Il se dit que, pour une fois, il a une arme et que dès qu'il parlera de son plan d'évasion à Marius et aux jumeaux, il pourra en faire très bon usage…

L'alarme de fin de journée retentit, inlassablement. Il repose la précieuse fourche avec beaucoup de délicatesse, avec autant de douceur que lorsqu'il déposait les petites têtes innocentes de ses filles dans leurs berceaux. Il rejoint ensuite les hommes et avance la tête haute vers la cour du camp. Une fois l'imposant portail passé, la plupart des gars s'asseyent dans un coin pour une courte pause, mais lui, il se dirige tout droit vers Olaf qui l'attend, toujours au même endroit. Il a hâte de lui raconter tous les malheurs des derniers jours.

CHAPITRE 31

Homes est dans une rage folle, il avait expressément demandé que les jumeaux monozygotes ne soient pas maltraités. Il fixe ses sujets avec inquiétude, l'un d'eux a même perdu le haut de son uniforme et donc son matricule. Le médecin hurle après Kerim, le palach en chef responsable de l'ordre dans ce camp, il le met en garde : au prochain faux pas il le dénoncera auprès de cette conne d'Oumarov, il lui dira qu'il a perturbé ses recherches et il sera châtié à son tour pour trahison.

Quand il est dans un tel état de rage, il le sait, il doit se poser quelques minutes, se servir un verre de sa vodka préférée tout en fumant un cigare et en écoutant une œuvre de Wagner. Il en a sélectionné une qui lui tient particulièrement à cœur : *La Chevauchée des Walkyries*.

Homes choisit d'éduquer un peu ses troupes ainsi que ses sujets en diffusant ce prélude de l'opéra *La Walkyrie* dans les grandes enceintes extérieures. De sa fenêtre, il voit que tout le monde s'est arrêté, que tous les hommes lèvent la tête vers les haut-parleurs qui font retentir les notes de violon si plaisantes à l'oreille. Il en voit même certains se balancer d'avant en arrière ou, de façon très discrète, lever leur index en le laissant virevolter au rythme de la musique.

Les deux frères sont couchés l'un à côté de l'autre, leurs lits sont proches, ils se tiennent par la main. C'est l'infirmière qui a pris le relais, qui les a installés et a retrouvé le matricule manquant. Homes constate une fois de plus que HS 2001 refuse de se résigner à son sort et poursuit sa rébellion, même sanglé à un lit par les pieds. Il a appris en parcourant leurs fichiers que c'est ce dernier qui est accusé de terrorisme, le seul de ce duo génétique à porter la défaillance qu'il cherche à soigner.

Il a un lentigo sous le menton, et Homes s'empresse d'ajouter ce détail au dossier médical. Il s'approche de lui avec sa lampe pour inspecter la peau de plus près, pour étudier avec minutie cette tache brune aux bords irréguliers. Alors que son œil est à peine à cinq centimètres de la peau de son sujet, celui-ci lui assène un violent coup de tête. Homes est propulsé vers l'arrière sous la dureté du choc. Il sent un liquide qui lui coule du nez. Il a besoin de quelques secondes pour se remettre de sa stupéfaction. En s'essuyant la bouche, un sourire démoniaque déforme ses lèvres, il crache du sang en plein sur le visage de celui qui a osé s'en prendre à lui. Il ordonne à l'infirmière, témoin de la scène, qui reste la bouche ouverte et les yeux exorbités, de lui apporter les plaques d'électrochocs.

De chaque côté du crâne du rebelle, se trouve maintenant une petite électrode de forme sphérique. Les deux conducteurs sont serrés comme un étau autour de sa tête, des câbles courant jusqu'à une machine électrique. Au sommet de son crâne, deux étroits pansements sont, quant à eux, reliés à un monitoring et on a glissé dans sa bouche une protection semblable à un protège-dents de boxeur, pour lui éviter de se sectionner la langue.

Il espère que la décharge va provoquer une crise convulsive dans le cerveau et occasionner, de ce fait, une perte partielle de mémoire. Il ne veut pas le plonger dans un état végétatif car il ne pourrait plus rien en tirer. Non, il veut juste effacer du disque interne de ce patient ses idées déviantes, quitte à lui griller la cervelle.

Homes tourne le bouton et envoie une première décharge. Il fixe son sujet car il veut lire la peur et la douleur dans ses yeux. Le cobaye parvient à vite masquer sa surprise, il serre les poings et ferme les yeux jusqu'à la fin de la secousse.

Deuxième décharge, l'impulsion est plus forte et le sujet ne peut laisser échapper un cri étouffé toutefois par la force de sa volonté. Il contracte toute sa masse musculaire et mord dans son protège-dents. Le monitoring s'active et les lignes s'affolent sur l'écran de l'appareil.

Troisième décharge, Homes doit reconnaître qu'il a quelque peu poussé l'intensité au-delà d'une puissance raisonnable… Cette fois, le patient, impuissant, hurle sans retenue, ses globes oculaires se révulsent, son organisme est agité de spasmes et se raidit.

Quatrième décharge. De la bave déborde des lèvres du sujet, le corps entier se soulève avec le peu de force qu'il lui reste avant de perdre connaissance. Homes se saisit alors de son dictaphone :

— HS 2001 perd connaissance sous l'impulsion de stimulations électriques au niveau du crâne. J'espère que cette expérience le poussera à oublier ses envies déviantes et calmera ses violentes pulsions lors de diverses rébellions.

Fin de l'expérience pour celui que tout le monde surnomme le médecin de la mort dans cet endroit ignoré du reste du monde. Homes fait subir un nouvel électrochoc à son cobaye à l'aide d'un défibrillateur, au niveau du cœur cette fois. Son patient n'a pourtant pas fait de crise cardiaque mais ce bref choc électrique va sûrement l'aider à se réveiller. Et il veut lui montrer quelque chose…

Le rebelle respire un grand coup à pleins poumons et ses yeux semblent sur le point de sortir de leurs orbites.

Homes l'interpelle et lui explique qu'il va tester la résistance des os de son frère et que, dorénavant, à chaque fois qu'il aura l'audace folle de se révolter ou si encore l'idée lui venait à l'esprit de le frapper, lui ou un des gardiens, son frère en payerait le prix fort.

Il joint alors le geste à la parole, se munit d'un marteau et l'abat sur la main du deuxième jumeau. De là où il est, Naourbi entend les os de Said craquer, les hurlements atroces de celui qu'il aime plus que tout, il voit les larmes et l'indescriptible douleur sur les traits similaires en tout point à ceux de son propre visage. Il tire vainement sur ses liens. À chaque coup porté, un craquement, à chaque craquement un cri, à chaque cri un morceau de son cœur qui s'effrite, s'arrache sans anesthésie devant son impuissance.

L'infirmière, toujours spectatrice de ce massacre, prend des notes en fredonnant une œuvre de Puccini avec des œillades complices au médecin.

Homes prend son dictaphone :

— HS 2002 a subi l'expérience de la résistance des os. Ils se sont brisés sous la puissance de mon marteau. Je vais étudier le temps qu'ils vont mettre à se ressouder. Il faut noter que ce sujet n'est pas un terroriste et que je vais donc pouvoir mettre à jour la différence entre lui et les autres cas. Je vais effectuer une étude plus approfondie sur lui.

Naourbi est envahi par la culpabilité en entendant les dernières paroles du médecin. Quelques instants plus tôt, avant que l'infirmière ne revienne avec le pyjama manquant, il a donné le sien à son frère. Il a cru protéger son jumeau et lui redonner un peu de dignité, le faire paraître « normal » aux yeux de ces détraqués. Naourbi sait pourquoi ils sont là, il a entendu parler des prisons secrètes, il a entendu son oncle dire qu'il fallait organiser l'assassinat de Said. Il ne l'a révélé à personne, il ne veut pas prendre le risque que quelqu'un apprenne qu'il connaît la vérité, il serait assassiné et ne pourrait plus protéger son frère. Mais maintenant, il se pose une question qu'il risque de se poser chaque jour de sa vie, toujours avec le même remords insoutenable : pourquoi a-t-il pris une telle décision ? Si ce médecin fou voulait expérimenter un sujet sain, c'est lui qui est « normal » à leurs yeux et qui devrait, par déduction, subir cette « étude plus approfondie »... Naourbi pensait sincèrement le protéger en le faisant passer pour quelqu'un de « normal ». Il pensait se sacrifier pour que Said puisse vivre, même avec sa différence. Apprendre qu'il vient finalement de le condamner aux tortures les plus folles de cet homme ignoble le plonge dans un désarroi infini.

CHAPITRE 32

Cinq jours... J'ai passé cinq jours peuplés d'horreurs, de souffrances et d'ignominies en tout genre. Pour la première fois, j'ai vu Naourbi pleurer à chaudes larmes. Ça m'a presque soulagé. J'en ai honte, maintenant que j'y pense, mais ce compagnon de galère me semblait être une espèce de héros, capable de tout encaisser, de tout combattre, et le voir épancher sa peine, c'est comme si je le voyais rendre les armes, ça en faisait un homme... Et puis après, je me suis dit que, si lui craquait, eh bien, moi... j'allais mourir, car je suis bien moins résistant que lui. Alors j'ai pleuré à mon tour. J'ai pleuré en pensant à Camille et à l'amour qui nous unit. Et si Sylvain avait raison, si c'était ça, notre crime à tous ? Je le sais, des centaines de gays sont agressés chaque jour, juste parce qu'ils se baladent main dans la main, parce qu'ils s'embrassent, s'enlacent, assument leur amour. Ils sont parfois obligés de vivre cachés, doivent éviter certains quartiers pour ne pas se faire agresser par des groupes extrémistes, des membres de clans barbares qui les tabasseraient, prendraient un « p'tit pédé » comme cible, comme distraction puis le laisseraient pour mort avant de partir tranquillement en vacances. D'autres gays sont reniés par leurs parents qui ont oublié qu'ils ne faisaient pas des enfants uniquement pour eux-mêmes mais peut-être aussi pour les voir épanouis et heureux. Certains sont même parfois forcés de quitter le nid familial et se retrouvent sous les ponts avant même leur majorité.

J'ai pleuré en pensant à ma mère et à mon frère. J'ai souhaité de toutes mes forces qu'ils aient déclaré notre disparition, et j'ai espéré, aussi fort que j'ai pu, que quelqu'un soit à notre recherche. J'ai pleuré en pensant à mon père et je me suis dit qu'il voyait forcément tout ce qu'il m'arrivait, de là où il était. Je lui ai demandé de ne pas m'abandonner une seconde fois, de rester près de moi et de me transmettre sa force.

Naourbi a supplié le médecin de cesser de brutaliser son frère. Par moments, j'ai maudit tous les dieux de la terre qu'il n'y ait pas une langue universelle pour que je puisse comprendre leurs échanges. Il montrait son pyjama, il frappait avec le bout de son doigt sur son matricule puis désignait Said avec un sentiment d'angoisse plein les yeux. Il semblait l'implorer, et je me demande comment Homes a pu demeurer insensible à autant de détresse, mais il a fini par se mettre en rogne, les veines saillaient de ses tempes et sa mâchoire se crispait sous la rage qui l'envahissait. Il a frappé si fort le crâne de mon ami que ce dernier en a perdu connaissance. Puis il lui a ouvert la bouche et a posé autour de ses lèvres un écarteur pour les garder ouvertes. Il a pris ensuite une lame et dans un geste fou, il lui a coupé un morceau de langue… Du sang a coulé, en même temps que mes larmes.

Les jumeaux ont quitté l'infirmerie ce matin. Naourbi était soumis aux ordres qu'il recevait. Lui aussi était devenu un de ces robots, dominé, assujetti aux supplices de ses bourreaux. Son visage était gonflé, recouvert d'ecchymoses et de sang séché. C'est Kerim qui est venu lui accrocher le collier et la laisse autour du cou.

J'attends. Le docteur m'a dit que je sortirai aujourd'hui. Je suis seul dans cette pièce, tous les autres cobayes sont morts. Je me demande si je ne dois pas me considérer comme un miraculé alors qu'on me laisse penser que je suis un pestiféré. L'infirmière s'approche de mon lit et vu le regard qu'elle me lance, je m'estime heureux qu'elle n'ait pas des revolvers à la place des yeux... Elle découpe les deux bandages de mes mains en prenant un malin plaisir à compresser les plaies qui me font tant souffrir. Homes, le regard plein de mépris, entre dans la pièce. Il porte un parfum musqué qui devrait être agréable, pourtant quand je le sens, j'ai des haut-le-cœur.

Comme à son habitude, il inspecte mes blessures sans un regard pour moi et prend son fidèle dictaphone. Si seulement je pouvais le lui enfoncer dans la bouche ! Il agoniserait en s'étouffant avec... Ses yeux m'imploreraient de le laisser respirer, de le laisser vivre. Mais vivre, c'est quoi ? Ici, vivre, c'est subir.

Vivre, c'est encaisser, obéir. C'est aussi ressentir la faim et la soif. C'est aussi être témoin de sévices et de jeux machiavéliques. Être une victime impuissante accrochée à l'espoir.

L'espoir est le sentiment le plus douloureux. C'est une petite flamme, au fond du cœur, qui refuse de s'éteindre et qui réveille tous les souvenirs ; une petite flamme qui vous brûle le cœur à avoir envie d'en mourir. Mais c'est aussi et surtout la petite flamme qui vous maintient en vie, celle qui vous donne la force de vous lever chaque matin, d'affronter chaque épreuve, de vous endormir le cœur moins lourd. Mon espoir, c'est Camille, mon amour. Et comme l'espoir, c'est la vie, ma vie, c'est lui... Mon amour, la moitié de mon cœur, de mon corps et de mon esprit, qui ne me quitte pas depuis que je suis arrivé ici, qui me donne la force de tout supporter et pour qui je serai prêt à tout pour partager de nouveaux instants. C'est à lui que j'ai pensé en premier quand je me suis réveillé dans ma cellule, c'est lui que je cherche à retrouver en pactisant avec Homes, pour le sortir de ces murs, le sauver. C'est avec lui que je veux construire ma vie, lui que je veux retrouver.

Homes dicte.

— HS 7244 a été blessé par une morsure de chien à la main gauche. Cette blessure a occasionné une grande quantité de points de suture. Je ne constate aucun signe d'inflammation, pas l'ombre d'une quelconque rougeur ou d'un écoulement qui serait le signe d'une infection.

Il approche alors son bistouri et coupe les fils qui suturaient mes plaies. Il contourne le fauteuil et étudie ensuite mon autre bras, celui qui a été brûlé, et poursuit son bilan.

— Je suis toujours avec HS 7244, qui a, du côté droit cette fois, subi une brûlure au second degré à la suite d'une immersion forcée de son membre dans un liquide bouillant. Les cloques se sont bien percées et les premières croûtes commencent à se former. Pas de fièvre mais le sujet s'est plaint de douleurs. Nous lui avons administré un antalgique. La vaccination du tétanos étant malheureusement obligatoire en France, le cobaye ne risque pas d'en être infecté et je ne pourrai donc pas pousser mes recherches dans cette direction.

Il éteint son appareil et me fixe avant de reprendre :

— J'ai cru que tu pourrais m'informer de beaucoup de choses, que tu ferais un parfait petit espion qui m'aurait rapporté tous les faits et gestes de ses compagnons de cellule. Mais je me suis trompé, tu ne m'as servi à rien... Les jumeaux sont désormais à ma merci. Tu remarqueras que j'ai parfaitement réussi à dompter le plus rebelle des deux. Tu ne m'es plus d'aucune utilité.

Les larmes me submergent, le désespoir qui m'étreint dirige aussitôt mes pensées vers Camille :

— Camille… ?

— Je ne ferai plus de recherche sur… Comment l'appelles-tu déjà… ? Ah ! C'est ça, je ne sais pas où est « ta moitié »… Et je ne chercherai pas à le savoir ! Sauf… si dans les prochains jours tu as une information capitale à me transmettre…

Il déverrouille mes sangles et me conduit jusqu'à la porte, où un palach m'attend. Je n'ai plus de bandages autour des mains, plus de fils pour suturer mes plaies mais je voudrais de la colle pour réparer mon cœur qui se brise un peu plus chaque jour. Maman me disait toujours qu'aucune blessure n'est irréparable…

Une fois dans ma cellule, je retrouve mes compagnons. Naourbi semble lobotomisé, il ne réagit plus à rien. Il subit ce qui lui arrive, bien malgré lui, comme nous tous, et les larmes inondent ses joues en continu. Said est à côté de lui, il le prend dans ses bras et lui caresse le haut de son crâne lisse. Sylvain se relève vivement en me voyant et, une fois la porte fermée, il s'installe près de moi :

— Ils vont tous nous tuer ! Je n'ai jamais vu quelqu'un sortir d'ici vivant. Nous devons nous échapper, j'ai un plan…

Mon cœur s'emballe. Pas parce que je pourrais espérer sortir, je ne le ferai jamais sans Camille. Si mon cœur bat si vite et si fort, c'est que je viens de comprendre que si je le pousse à croire que je vais m'enfuir avec lui et que j'écoute avec attention toutes les étapes de son plan d'évasion, eh bien, j'aurai l'information capitale que Homes attend. Et je suis sûr que, cette fois, cette information me permettra de retrouver l'amour de ma vie.

La soupe est distribuée, un seul bol, celui de Sylvain. Il sort des morceaux de légume de sa poche et nous propose de partager avec lui. Said prend sa part et celle de son frère et le nourrit avec tout l'amour et la tendresse du monde. Je croque dans le morceau de carotte et je remercie Sylvain.

— Marius, je sais que tu penses à Camille. Mais vos chances de vous retrouver sont quasi nulles. Nous devons tous partir. Naourbi et Said vont venir avec nous... Ils connaissent la région et parlent la langue, ils nous aideront une fois dehors. Il faut juste attendre qu'ils reprennent des forces. Je m'occupe de les convaincre.

Je fais mine de réfléchir, d'hésiter et je lui réponds avec toute la conviction qui m'habite :

— Si Homes ne m'apprend rien demain sur Camille, alors je te suivrai et je reviendrai avec la police... Camille aura le droit à la liberté, lui aussi.

Tiens bon, mon amour, j'arrive ! Je vais me battre pour toi, pour te sauver, pour te crier mon amour et te dire à quel point il m'est impossible d'imaginer la vie sans toi. Je retournerai ce camp, pousserai chaque porte de cellule pour te retrouver. Je tuerai chaque homme qui se dressera sur ma route pour t'emmener avec nous. Pour fuir ce lieu abominable. Pour retrouver notre liberté, notre complicité, notre amour.

CHAPITRE 33

Après le premier article paru, c'est l'effervescence au sein de la rédaction du journal indépendant russe *Gazeta*. En effet, la déléguée russe aux Droits de l'homme a dénoncé les traques mises en place à Grozny et le président de Tchétchénie a annoncé qu'il ferait une conférence de presse. Elle se tiendra dans le hall d'un luxueux hôtel de la capitale dans les prochaines semaines. Aucune précision de date n'a été communiquée, mais les nombreux journalistes ont déjà préparé leurs questions.

Le rédacteur en chef Tacho Sukhor a reçu un colis spécial ce matin. Il tient la grande enveloppe marron entre ses mains. Il l'ouvre fébrilement quand il reconnaît le tampon en haut à droite de la lettre jointe, le logo du journal d'investigation dont l'un des reporters a accepté la mission folle et spéciale d'un reportage sous couverture, infiltré. Il y a des clichés d'une assez bonne qualité sur lesquels on voit des hommes et une femme allongés sur des lits d'hôpital, reliés à des machines ou recouverts de bandages. Leurs regards sont éteints, pleins de peur. Du moins quand les victimes qui sont photographiées sont encore conscientes…

Des notes manuscrites qui ont été fournies avec le colis l'informent du nombre possible de victimes ces derniers mois, ainsi que des sévices subis. La façon dont elles ont été exécutées est aussi décrite avec précision. La plupart sont décédées sous la coupe d'un médecin fou et de ses expériences. Tacho découvre dans ces feuillets des mots qu'il pensait n'avoir à lire que dans des livres et revues historiques et scientifiques : amputation sans anesthésie, brûlure au phosphore, à l'acide, excision, stérilisation…

Il s'installe devant son clavier d'ordinateur, prend une grande inspiration et laisse ses doigts courir. Son indignation et sa colère sont à leur paroxysme. Disparaîtront-elles un jour ? Au fur et à mesure qu'il écrit, Tacho comprend qu'il n'aura jamais de mots assez forts pour décrire la sauvagerie, la violence, la maladie et la faim qui terrassent probablement tous ces prisonniers. Il n'en existe aucun. Pourtant, Tacho sait manier les mots, il le fait tous les jours.

Il vient de terminer son article, il va le mettre en première page. Cette effroyable information fera la une de son journal. Cette fois, il a les preuves qui lui permettront d'illustrer ce qu'il dénonce. Mais il va falloir attendre le 9 mai. Cette date en Russie est une fête importante, un véritable événement. On célèbre la Victoire de la Grande Guerre patriotique. L'information qu'il va publier ce jour-là fera l'effet d'une bombe sur la population. Elle circulera à travers le pays, il balancera sur tous les réseaux sociaux son article qui envahira la Toile… De Moscou jusqu'à Paris. De Copenhague jusqu'à Berlin et dans toutes les capitales de la planète, dans toutes les villes, les campagnes, les communes et les villages du monde entier. Son article sera diffusé, partagé par des millions de followers qui seront indignés, attristés face à l'horreur. Certains n'y croiront pas et parleront d'intox, de *fake news*.

En attendant, il est de son devoir d'en informer la déléguée russe aux Droits de l'homme. Il sait qu'elle est une alliée de taille dans ce combat. Et il va, à nouveau, rencontrer les personnalités à l'origine de cet espionnage, de cette immersion dans les méandres de la folie humaine. Il espère que le journaliste infiltré dans le camp, qui y est entré de son propre chef, sera libéré, qu'il sortira vivant et qu'il pourra témoigner et dénoncer toutes les infamies.

Tacho regarde par la fenêtre de son bureau, il l'ouvre et respire un grand coup. Il se dit qu'il est chanceux de pouvoir vivre librement, sans obligation, sans tourment, sans torture, sans être enfermé dans une cellule, chanceux de pouvoir s'exprimer. Il veut partager cette liberté avec les cobayes qui sont là-bas, leur permettre de dénoncer à leur tour les atrocités qu'ils ont subies. Mais d'abord, il va falloir se débrouiller avec les moyens dont il dispose pour les sortir de là vivants.

* * *

Ferdinand est un homme d'une cinquantaine d'années, les cheveux grisonnants et les yeux bleus, haut fonctionnaire de l'armée française à la retraite, il passe la majorité de son temps à se maintenir dans une forme physique parfaite. Sa fille unique, Estelle, est décédée des années auparavant, à la suite d'une violente agression alors qu'elle rentrait d'une soirée entre filles. Les auteurs n'ont jamais été retrouvés. C'est ce qui l'a, entre autres, poussé à accepter de faire cette mission. Il n'a aucune expérience de journaliste, mais c'est un allié sûr pour soutenir un infiltré dans une mission d'investigation. Depuis la perte de cette enfant, il n'a plus rien à perdre, et tout à venger.

Il participe à une réunion par webcams interposées. En effet, si ses collaborateurs sont en France, lui, il a dû rester sur place, avec des journalistes russes qui lui sont très utiles pour toutes les traductions et pour sa protection. Son rôle principal est de récolter des informations auprès du journaliste infiltré, et de lui en transmettre.

Cette réunion est de la plus haute importance. Les responsables du journal, dont un des journalistes d'investigation a choisi d'intégrer le camp de son plein gré, statuent sur l'avenir de leur collègue. La réputation de ce journal reste à construire.

Les hommes échangent vivement avec Ferdinand sur un thème épineux. Ils refont le bilan de l'enquête, leur « mission secrète ». La dénonciation d'Hector, la découverte des safaris, et leur collègue et ami qui s'était porté volontaire pour cette enquête. Ce journaliste était persuadé que son passé de militaire serait un point fort. Son expérience au sein de l'armée de terre lui avait appris la vigilance, l'efficacité, et lui permettrait à coup sûr de prendre rapidement des décisions en cas d'imprévu. Il a alors demandé à Ferdinand de l'accompagner. Ferdinand était parfait pour ce soutien, et les deux hommes ont lié une forte amitié au long des missions qu'ils ont effectuées ensemble.

Avant que leur investigation se mette en place, les rédacteurs en chef savaient qu'en plus de dénoncer des traques, leur collègue infiltré serait le témoin de scènes qui choqueraient le monde entier et dont les révélations feraient grimper la notoriété de leur journal au passage, détail non négligeable aux yeux des dirigeants du journal. C'est pourquoi ils ont sollicité la complicité d'un journal russe indépendant, et il a été convenu que des journalistes sur place enquêteraient avec leurs deux collègues. Les Russes s'occuperaient de toutes les traductions pour l'infiltré, ils l'inscriraient sur un site de rencontres, s'occuperaient des échanges, ils auraient en retour le privilège d'être les premiers à révéler l'information dans leur pays tout en laissant l'exclusivité en France à leur rédaction.

Mais, installés confortablement dans leurs bureaux face à cette webcam qui les relie à Ferdinand, ils sont tous dépassés par l'ampleur des événements. Jamais ils n'auraient pu imaginer que la situation était aussi atroce et encore moins que leur collègue qui avait été formé pour résister aux situations les plus désespérantes aurait tant de mal à s'échapper. Ils sont aujourd'hui dans une impasse pour le sortir de là car les plaintes auprès de la police n'ont pas encore abouti.

Ferdinand est face à son écran, il semble plus soucieux que les autres. Une profonde ride marque son front et il fixe un point dans le vide, son index collé contre la bouche. Après avoir vu les photos et les notes de son ami qui décrivent la situation au sein du camp, ce qui l'inquiète, c'est la discussion du jour : que va-t-il advenir de lui ? Personne ne semble pouvoir le faire sortir de cet endroit.

Les autorités russes et tchétchènes rejettent en bloc toutes les accusations. Néanmoins, le président russe a ordonné une enquête, mais l'ancien militaire n'est pas dupe. Il faudra du temps pour que les choses changent, au-delà de cette pseudo-enquête mise en place histoire de calmer les tensions auprès de la communauté internationale.

Car des militants ont été interpellés avant de pouvoir remettre des pétitions regroupant plus de deux millions de signatures. Des manifestations ont été considérées comme des troubles à l'ordre public, et dix-sept militants ont été arrêtés. Malgré les témoignages de ceux qui ont réussi à échapper à la purge du pays tout entier, rien n'a évolué.

Ferdinand a très vite compris que ces traques étaient organisées et couvertes par de hauts dirigeants politiques.

Les responsables politiques de France, d'Allemagne et du Royaume-Uni, entre autres, se sont indignés et ont dénoncé et condamné des actes odieux en précisant qu'ils s'engageaient à venir en aide aux populations persécutées. Des dizaines de demandes d'asile ont été formulées, et le ministre chargé de l'Union européenne et des Affaires étrangères français ainsi que ceux d'autres pays ont informé qu'ils examineraient toutes les demandes de visa à caractère humanitaire. Les États-Unis, quant à eux, ont déclaré qu'ils n'avaient pas de volonté politique et qu'ils ne délivreraient pas de visas. Des associations françaises ont étalé l'affaire au grand jour, et ont vivement critiqué ces actes de barbarie et de persécution en précisant qu'ils n'étaient l'œuvre que des autorités tchétchènes. Reste à savoir comment réagirait la population quand ces atrocités seraient dévoilées aux yeux de tous.

Ferdinand ferme les yeux en prenant une grande inspiration comme s'il pouvait, l'espace d'un instant, ne plus y penser, ne plus imaginer les scènes barbares qui lui sont décrites, comme s'il pouvait oublier. Oublier, pourquoi lui et les autres ont-ils laissé cet homme s'engager dans ce reportage suicide, sans aucun soutien d'une quelconque organisation secrète ou militaire ? Sans armes. Il sait que son ami a choisi de rejoindre les rangs des fustigés afin de défendre cette terrible injustice qui se jouait dans ce pays, qu'il est habité d'une soif de justice et d'égalité pour tous les hommes, qu'il considère cette mission comme la chance de sa vie, l'occasion de traduire en actes tout ce en quoi il croit.

La voilà, ta chance, mon garçon, se dit Ferdinand, le cœur lourd.

Il ne peut se résigner à l'abandonner, il peut encore moins se résigner à attendre que la police fasse son travail. En accord avec ses collaborateurs sur cette affaire, il rédige un message à son intention, le dernier. Un mot, un seul, un ordre. Fuir. En espérant que son ami ait déjà eu la présence d'esprit de se barrer de cet endroit de toute urgence, sans attendre inutilement l'accord de ses supérieurs.

CHAPITRE 34

Sylvain a passé une partie de la nuit à comploter avec Marius au sujet de son plan d'évasion. Il lui explique le déroulement de la fin de journée, le moment où les palachs relâchent leur attention et s'octroient une petite pause apéritive. Il lui parle de la fourche qu'il rêve de planter en plein dans le cœur de leurs geôliers. Il lui raconte qu'il va profiter d'un séjour à l'infirmerie pour subtiliser des somnifères, pour endormir les chiens. Il a été le témoin de tellement d'expériences quand il servait lui-même de cobaye qu'il sait, il a repéré où Homes rangeait son matériel et tous les médicaments. Tous les détenus ici le savent. Il est euphorique, il y croit avec force.

Son excitation et sa conviction, il les a même presque transmises à Marius, mais ce dernier s'efforce de garder la tête froide, d'être lucide face à la situation. Car les dernières nouvelles qu'il a eues de Camille lui ont broyé le cœur et meurtri l'esprit. Il ne peut encore se résoudre à l'abandonner. Il est persuadé de pouvoir le sortir vivant du camp.

Sylvain a aussi parlé de son projet fou à ses deux autres compagnons de cellule. Mais Naourbi est resté insensible à son plan. Depuis qu'il est revenu de l'infirmerie, il a perdu toute sa force de caractère, toute son assurance, toute sa combativité. Il ne reste plus rien de son caractère revêche, il s'est soumis. Son attitude rebelle est devenue une peine immense qui semble inconsolable. Des larmes sillonnent continuellement ses joues, le remords a pris possession de son cœur, son regard est comme éteint à jamais, et il n'a de cesse de demander pardon à son frère. C'est Said qui leur traduit le dialecte tchétchène en anglais. Il entoure Naourbi de ses bras, le berce et le rassure. Les deux frères sont enfermés dans une bulle, ramenés des années et des années en arrière, quand ils se développaient ensemble dans le ventre de leur mère. Il n'y avait qu'eux deux. Aujourd'hui, il y a eux et… le monde de la mort où ils ont atterri. Mais maintenant, Said n'a pas le choix. Il doit être fort pour deux. Il doit espérer pour deux. Encaisser pour deux.

Quatre heures trente, l'alarme retentit et une nouvelle journée commence. C'est Said, malgré les os de sa main broyés, qui tient le bol de Naourbi pour lui donner des forces. Sylvain et Marius l'aident à redresser son frère, mais Naourbi est vraiment très lourd, les mauvais traitements et les privations n'ont pas eu raison de sa puissante constitution physique et il leur faudra, à trois, une volonté plus forte que tout pour le soulever et le conduire dans la cour sous le rire sadique de Kerim. Said parle à Naourbi, semble le supplier de sortir de ses songes, de revenir parmi eux. Il encadre le visage adoré de son jumeau de ses mains et devant l'absence totale de réaction de son frère, il se sent impuissant, il aimerait pouvoir inverser les rôles et redonner force et courage à Naourbi d'un geste, d'un regard ou d'une parole. Il colle son front contre le sien et laisse s'exprimer son chagrin. Naourbi s'écarte un peu de son frère, prend une profonde inspiration, avance ses lèvres au creux de l'oreille de Said et lui avoue, comme il le peut, avec le morceau de langue qui lui reste, ce pour quoi il est enfermé ici. Il confesse avoir entendu leur oncle dire qu'il voulait tuer Said pour laver l'honneur de leur famille. Il lui demande pardon de ne pas avoir fui leur pays à ce moment-là, de ne pas avoir su le protéger comme il l'aurait voulu. Said cesse de pleurer, essuie les larmes de son jumeau, le fixe sans un mot et le serre dans ses bras comme pour lui dire qu'il ne lui en veut de rien. Les jumeaux ont compris qu'ils sont perdus. Eux et les autres, ils le sont tous... Ils imaginent tous parfaitement ce qu'ils vont endurer, comment tout va se terminer s'ils ne s'évadent pas de ce lieu. Même s'ils ont conscience des risques qu'ils prendront s'ils se joignent à Sylvain.

Sylvain, de son côté, a laissé Marius se rendre dans le bâtiment des sanitaires. Il se repose au pied de son arbre. Il s'installe contre le tronc, ferme les yeux et hume l'air très frais du matin. Il repense à Laurence et à ses filles, il se surprend à sourire en imaginant leurs retrouvailles. Il demandera pardon à sa femme, pardon pour toutes les fois où il l'a abandonnée, toutes les fois où il a arrêté de la regarder comme elle méritait de l'être, toutes les fois où il l'a laissée croire qu'elle était ordinaire. Il lui dira qu'elle est tout sauf ordinaire, qu'elle est belle, unique. Unique et précieuse pour lui, pour son cœur et pour la survie de son âme. Il lui promettra que ce déplacement professionnel était le dernier, que dorénavant il refusera de la quitter. Plus jamais il ne se plaindra de ne pas pouvoir lui faire l'amour aussi souvent ou comme il le veut. Il respectera qu'elle ne veuille pas se donner à lui, il fera tout pour la reconquérir.

C'est le léger jappement d'Olaf qui le sort de ses pensées, il se redresse, sourit avec sincérité et le câline en lui confiant ses nouveaux déboires. Le chien frotte l'arrière de sa tête contre sa main, il veut que son « maître » lui caresse le cou. Sylvain rit discrètement et est saisi d'une franche émotion. Il s'est attaché à cette boule de poils. Alors il le dorlote, il se dit qu'il va devoir profiter de sa compagnie dans les prochains jours. Des cajoleries contre des confessions, le compromis n'est pas désagréable. Il aime se livrer à Olaf. Son regard ne change pas, son attitude non plus, il reste son ami le plus fidèle et le plus sûr, il en est certain, sans rien attendre de plus que de l'affection en retour.

À force de gratter les poteaux qui retiennent les barbelés, Olaf a réussi à passer sur le côté et il arrive aux pieds de Sylvain, qui ose le prendre dans ses bras, parce qu'il n'en aura peut-être plus l'occasion et aussi parce qu'il en a envie depuis longtemps. L'animal laisse Sylvain l'attraper, il accroche ses griffes contre le tissu de son pyjama.

Pour la première fois, les deux amis partagent leur tendresse respective et Sylvain sent son cœur battre très fort d'émotion. Il avait oublié à quel point un simple câlin apporte chaleur et réconfort. Ils sont tous les deux en confiance dans un lieu où il ne faut pourtant rien relâcher, surtout pas son attention… Tout à coup, Olaf repousse doucement son ami avec ses petites pattes et le contemple avant de lui léchouiller généreusement le visage. Il semble vouloir lui parler.

Le bruit des bottes, d'abord, puis l'ordre d'un palach. Ensuite, les aboiements, les grognements. Le reste, Sylvain ne l'entend pas, il le voit. En voulant se sauver, Olaf lui griffe les bras et le cou, Sylvain le repousse dans un réflexe et l'envoie à terre. C'est alors qu'un malinois le saisit à pleine gueule, les hurlements de souffrance d'Olaf résonnent dans la cour jusqu'au silence, morbide. Sylvain fixe la scène, impuissant une fois de plus, et quand le chien relâche sa proie, il se met à genoux et soulève délicatement ce qui reste du corps de son compagnon : les chairs déchiquetées et les poils recouverts du sang d'Olaf entre ses mains. Une douleur abominable envahit son cœur et il sent naître en lui une haine à la hauteur de tout ce qu'il a subi ces dernières semaines. La douleur ordonne à son cerveau de se venger, de se faire justice. Alors, sans réfléchir, il obéit à son impulsion, il agit vraiment pour la première fois. Tout va très vite. Marius en est le premier témoin en sortant des sanitaires. Sylvain saisit un morceau de branche qui se trouve à portée de main et le plante en plein dans l'œil du chien meurtrier, qui hurle de douleur. Ce cri réveille une sensation oubliée chez Sylvain. Il continue de frapper avec violence. Il plante son arme de fortune avec rage dans les flancs du clébard. Enfin, il lui assène un dernier coup, fatal, dans la gorge. Il continue de le charcuter encore et encore, comme un robot tueur, en invectivant, en criant comme une bête, alors même qu'il n'entend plus rien.

Une arme automatique se pose sur sa tempe droite. Le propriétaire du malinois est sur le point de faire payer à Sylvain la vie de son coéquipier canin mais un ordre de Homes intervient et stoppe son geste, sauvant ainsi la vie de Sylvain. Ce dernier reçoit l'injonction par le médecin de rejoindre les rangs et d'attendre l'appel de son matricule pour se manifester. Les gardiens protestent, s'insurgent, semblent demander justice, un comble pour Sylvain. Après quelques minutes d'agitation, le palach ramasse son chien avec délicatesse et le porte jusque dans un coin, avant de le poser à terre et de le couvrir de sa veste, avec ce qui ressemble à de la tendresse.

Une fois l'appel terminé, Sylvain est forcé de se rendre à l'infirmerie par Homes qui veut, dit-il, « tirer cette affaire au clair ». Sylvain rassure Marius, lui dit qu'ils se verront à la pause déjeuner et qu'ils se retrouveront ensuite ensemble à la ferme. Il le tranquillise, mais au fond, il sait que si Homes a empêché le gardien de le tuer, c'est qu'il lui réserve une surprise de son cru, bien plus tordue encore.

CHAPITRE 35

Homes a terminé de s'occuper de Sylvain. Une simple mise au point à coups de ceinturon pour cette fois, car par moments ces clébards le font chier à aboyer à longueur de temps. Il est à présent dans sa salle de dissection, relit les bilans de toutes les expériences et il panique à l'idée de voir qu'il accumule échec sur échec. Il sait qu'il va essuyer la colère de la ministre Oumarov, il doit lui remettre ses rapports au propre au plus vite.

Cette pétasse lui a téléphoné quelques jours auparavant et lui a expliqué à quel point leur président était en colère, et la menace qui pesait au-dessus de sa tête et par voie de conséquence au-dessus de la sienne aussi. Elle lui a parlé des fuites, des informations qui étaient arrivées aux oreilles de la déléguée russe aux Droits de l'homme. Alors aujourd'hui, le médecin est en pleine réflexion, il se demande qui est le traître dans ses rangs. Il sait qu'il dispose de protections, il se sent à l'abri, il sait qu'il pourra continuer ses pratiques, qu'il ne sera pas inquiété, que son gouvernement le soutiendra, l'encouragera même sûrement. Il est devant son ordinateur et compare ses résultats, ses analyses. Il ne compte plus ses échecs, c'est inutile. Il continue de chercher l'origine du mal qui se propage à travers le monde. Lui et ses confrères ne trouvent pas.

À aucun moment il ne se pose de question de déontologie. Pour sa part, il est convaincu qu'il faut savoir sacrifier des vies pour trouver un remède. Certaines folies ne s'expliquent pas et l'humanité en a déjà essuyé bien assez. Il est persuadé que la solution se trouve dans les recherches qu'il va effectuer sur les jumeaux. Il a la chance d'avoir deux sujets parfaitement identiques : l'un sain et l'autre atteint. Ces deux hommes sont un véritable don du ciel. Pourquoi ces deux-là, qui ont un patrimoine génétique similaire, ne sont-ils pas tous les deux touchés par la maladie ? Ils ont beau être des copies conformes, leurs idées, leurs pensées, leurs envies sont différentes. Homes en conclut alors qu'il doit se focaliser sur ce qui se passe dans leurs têtes… Et si la solution était de mener une série d'interrogatoires ? Pour obtenir le plus de réponses possible, il pense même à ressortir, si nécessaire, le petit boîtier électrique qu'ils utilisent d'habitude à l'arrivée des détenus au camp pour qu'ils dénoncent leurs semblables. Il note toutes les questions qui lui viennent. Il doit prendre le problème à la source et remonter des années en arrière, tout disséquer… sans effusion de sang, cette fois. Il va organiser ces audiences dans les plus brefs délais. Il pense surtout aux deux frères : ils ont reçu la même éducation, mais ont, en vieillissant, fait des choix de vie diamétralement opposés. Les comparer sera, il le sait, une expérience jouissive.

Les jumeaux… Il est sur leur cas, ils hantent son esprit, il repense à la tentative pathétique de l'un d'entre eux… Celui qui est contaminé, ce terroriste de Satan. Il a voulu lui faire croire que c'était lui qui était sain, lui qui n'était pas infecté par la maladie, le mal récurrent. Il était prêt à laisser crever son propre frère, son double, juste pour s'innocenter. Mais il ne pourra plus jamais mentir, ou avec difficulté car il lui a coupé une partie de la langue, le privant de parole sans aucun scrupule, comme pour tout ce qu'il entreprend. Il lui a rappelé qui commandait en ces lieux et lui a démontré que sa rébellion ne pourrait que desservir son frère.

Il ne doit surtout pas oublier que ces hommes méritent de souffrir, encore et toujours. Leur mal, ils le transmettent même à des adolescents qui deviennent la honte de leurs familles. Donc les torturer n'est qu'un juste retour des choses.

Tous les cas de sa section sont en observation à l'infirmerie, alors Homes décide de rendre une visite de courtoisie à Aza, sa compagne, pour constater l'avancée de ses recherches sur les femmes. Le bâtiment est identique à ses propres locaux : un laboratoire, une salle de dissection, un bureau, une infirmerie et des cellules. Les détenues sont moins nombreuses, les traques en ont ramené peu. Elles doivent être une cinquantaine, à peine.

Il voit tous ces corps à sa merci, et monte en lui la frustration de n'avoir testé l'efficacité des excisions qu'une seule et unique fois. Il s'approche de l'une d'elles et alors qu'il commence à déboutonner son pantalon et sortir son sexe de son caleçon, il est interrompu par la sonnerie de son téléphone. L'infirmière a besoin de son soutien pour un des malades dont le cas se dégrade. Le médecin se rhabille en se promettant de venir assouvir ses pulsions une prochaine fois, quand il aura le champ libre.

CHAPITRE 36

La matinée a été longue. Il me tarde de retrouver Sylvain car vu ce qui s'est passé ce matin, j'ai peur pour lui. Je vois encore son regard plein de haine, une haine nourrie par son chagrin. Un chagrin meurtrier qui a réduit à néant tout instinct de prudence et de survie et a fait exploser son désir de vengeance, que tous les hommes parqués ici depuis des mois partagent.

Ce matin, Naourbi a effectué ses tâches comme un automate, il a ignoré et supporté les humiliations de Kerim. Le palach a passé son temps à le provoquer, il lui a hurlé dans les oreilles pour qu'il avance plus vite, l'a bousculé dans les allées, il a même renversé le bac de nourriture des chevaux par terre pour qu'il recommence son travail. Ensuite, il l'a forcé à courir encore et encore autour de la ferme jusqu'à épuisement. Quand Naourbi s'est écroulé de fatigue, le fumier l'a frappé pour qu'il se relève et qu'il retourne à son poste. Je me dis que je devrais peut-être suivre Sylvain dans son plan fou. S'il n'y avait pas Camille, je le ferais, sans hésiter.

C'est l'heure de la pause déjeuner. Je retrouve Sylvain dans la cour, il est à genoux devant l'arbre face aux barbelés du camp où il avait l'habitude de rencontrer le petit chien blanc. Il touche la terre des doigts en fixant un point dans le vide. Je m'approche doucement de lui et pose ma main avec délicatesse sur son dos. Il se retourne vivement et me serre dans ses bras avec force. J'ai l'impression d'être son libérateur, l'épaule sur laquelle il peut épancher son incompréhension, son sentiment d'injustice et d'impuissance face à tout ce que nous vivons. Il commence à discuter à nouveau de son plan d'évasion, du rôle que chacun d'entre nous jouera dans sa stratégie de fuite.

— Marius, je t'en supplie, il faut que tu partes d'ici. Après tout ce temps passé à tes côtés, je ne peux pas me résigner à le faire sans toi. Les jumeaux vont nous suivre, j'en fais mon affaire.

Mon cerveau est en ébullition. Je fixe mon ami pendant de longues minutes. Il continue de trifouiller la terre à l'endroit exact où le petit chien blanc a été dévoré. De loin, j'aperçois Homes et je me souviens de l'information capitale qu'il m'a demandée pour retrouver Camille. Le plan prend alors forme dans mon esprit et je lui réponds :

— Promets-moi que tu feras tout une fois dehors pour m'aider à retrouver Camille, et je te suis.

Un profond soulagement marque le visage creusé de Sylvain. Il me serre à nouveau dans ses bras et me dit :

— Je te le promets, mon ami, tu as ma parole ! Nous partirons en fin de journée, nous aurons plus de facilité à nous cacher la nuit. Et puis, on doit récolter de la nourriture pour tenir, car je ne sais pas combien de temps nous mettrons à rejoindre une route. Je compte sur toi, tu vas voler des légumes à la ferme.

« Je compte sur toi », ces mots me déchirent le cœur…

— Ça nous laisse peut-être le temps de savoir où se trouve Camille. Pour l'eau, je vais m'arranger pour faire diversion ce soir, et toi, tu en profiteras pour subtiliser une ou deux bouteilles de vodka. Il nous suffira juste de les rincer et de les remplir d'eau. Marius ? Tu m'écoutes ?

Comment lui dire que je ne veux pas l'écouter, plus j'aurai d'informations plus je le trahirai auprès de Homes.

— Je suis fatigué, Sylvain...

Il m'observe, il n'y a aucune déception dans son regard, il comprend bien mon épuisement. Il me réconforte d'un geste plein d'affection, me dit que nous aurons le temps d'en reparler et m'accompagne près du préau où les palachs vont bientôt déjeuner. C'est lui qui me réconforte. Je me sens minable, minable de ce que je m'apprête à révéler, de ce que je suis en train de devenir.

Je pense à mon père qui s'est battu pour nous inculquer des valeurs d'honnêteté et de fidélité. Il doit se retourner dans sa tombe. Mais papa, tu vois bien à quel point ces monstres me privent un peu plus chaque jour de ma dignité... Je ne suis plus rien, je ne veux qu'une chose, sauver ma peau et celle de Camille. C'est bien ce que les victimes des attentats font en cas d'attaque non ? Ils se sauvent, ne pensent qu'à se mettre à l'abri. On ne peut rien leur reprocher. On ne peut pas leur en vouloir. Tu ne peux pas m'en vouloir, papa.

Un instant silencieux, un silence oppressant, un silence de mort. Pour le coup, je préférerais presque entendre des cris, à croire qu'ils me rassurent à présent. Les fumiers ont terminé leur repas. L'un d'eux, celui dont le chien a été liquidé par Sylvain, s'approche de nous avec une pelle.

Il se plante devant Sylvain et lui tend l'outil. Il le mène brutalement par le bras jusque dans un coin et lui ordonne de creuser la tombe du clébard, ses gestes sont suffisamment explicites pour que nous le comprenions, cette fois. Sylvain s'exécute. Premier coup de pelle, premier coup de ceinturon, premier cri de douleur. Je m'arrête de compter quand je n'ai plus assez de mes dix doigts pour le faire. Mon cœur saigne, mon esprit s'éteint.

Une fois que la profondeur du trou paraît convenir au bourreau, il se dirige vers la dépouille du malinois et crache sur mon ami avant de déposer avec une infinie douceur son compagnon dans le fond de la tombe. Le gardien s'approche ensuite de moi, me force à m'agenouiller et explique par gestes à Sylvain qu'il doit combler la tombe improvisée. Premier coup de pelle, premier coup de ceinturon, premier cri, le mien cette fois. Le palach se venge sur moi, il veut briser Sylvain en m'atteignant, en me martyrisant. Mon ami pleure à chaque fois qu'il remplit sa pelle de terre. Il pleure parce que son dos le fait atrocement souffrir et parce qu'il sait ce que je vais endurer par sa faute. Il me lance un regard coupable qui implore mon pardon.

— Sylvain, je t'en supplie, dépêche-toi, rebouche ce trou.

Cette fois, je compte les coups, jusqu'au dernier... Vingt-trois, mon nombre porte-bonheur, je l'ai toujours joué au loto, je commence à comprendre pourquoi je n'ai jamais gagné...

La fin de journée arrive enfin, elle a été éreintante, je souffre horriblement du dos et je ne rêve que de me coucher. Les palachs picolent, s'égosillent à chanter. Sylvain m'adresse un signe : le moment où il va faire diversion est proche et je dois me tenir prêt. Il se met à hurler en pointant son doigt dans une direction à l'extérieur de la grange. Tous les palachs se lèvent, comme un seul homme, avec leurs chiens tenus en laisse. Le champ est libre, pour quelques secondes. Je me saisis de plusieurs bouteilles vides parmi les dizaines qui traînent dans un coin et je les cache sous un gros tas de foin.

Nous sommes dans notre cellule, Sylvain et moi nous remémorons sa diversion de tout à l'heure. Revoir Sylvain sautiller sur place, pointer le coin de la bâtisse en hurlant comme une fillette a fait son effet. Tous les palachs se sont relevés comme des sauvages de leurs fauteuils improvisés dans un tas de foin en brandissant leur matraque d'une main et en tenant la laisse de leur chien de l'autre. Prêts à chasser l'intrus du jour… une araignée. Je revois leur tête quand ils ont enfin compris que Sylvain hurlait pour une énorme araignée. Autant dire qu'ils n'ont pas apprécié la plaisanterie. Certains en ont fait tomber leur matraque avant de se tourner vers mon ami avec un regard noir et d'attraper la bestiole.

J'ai un petit sourire pincé qui se dessine sur mes lèvres au moment où mes yeux croisent ceux de Sylvain. Lui, sourit plus franchement. Finalement, nous ne pouvons retenir un éclat de rire, au point de nous tordre de rire. Sylvain arrive à se moquer de lui-même, il fait de l'autodérision – il le fait très bien –, alors qu'ils l'ont forcé à avaler la bestiole vivante ! Il ironise, raconte qu'il a senti les pattes velues lui chatouiller la bouche, et le crac au moment où sa mâchoire a croqué la bestiole en ajoutant qu'il était en manque de protéines animales depuis longtemps. Nous rions tellement que j'en pleure. Au moment où la première larme perle au coin de mon œil, je cesse de m'esclaffer. C'est la première fois que nous rions ensemble dans cet univers concentrationnaire. Aujourd'hui nous avons réussi à utiliser l'humour comme défense. Comment le pouvons-nous ? Comment rire en ce lieu ? L'espace d'un instant, très bref, nous avons contré la déshumanisation, par une richesse dont ils ne peuvent pas nous amputer. Ils nous ont fait travailler comme des bêtes, nous ont insultés et frappés mais, là, c'est nous qui avons gagné une bataille, petite, mais tellement importante. Le court moment de joie est retombé, ça n'a pas duré longtemps. Sylvain vit un ascenseur émotionnel, il pleure vraiment à nouveau, et prononce le nom d'Olaf.

Il culpabilise de rire après la mort de son compagnon. Mais, dans le fond, il sait autant que moi que rire nous a détendus. Nous sommes fiers d'avoir pu rouler les gorilles de ce zoo, car il faut être sacrément malin pour échapper à leur vigilance.

— Demain, nous devrons subtiliser des légumes, me dit Sylvain.

Je ne réponds rien, je lui souris simplement. J'ai tellement honte de tout ça, d'entretenir son espoir. Je me dis que je pourrais peut-être dénoncer son plan mais en mentant sur l'heure de départ, de façon à lui laisser le temps de décamper... Mais je repense à Homes, si je lui mens, mes chances de retrouver Camille sont nulles. « Une information capitale », a-t-il dit. Et une dénonciation en est une. Je ne serai qu'un traître, je l'assumerai. Et si je retrouvais Camille ? Je me mets à y croire, je nous imagine sortir de cette prison.

Le bruit de la trappe qui s'ouvre me sort de mes pensées. L'heure du repas. Naourbi mange tout seul cette fois, et Said reste près de lui. Il lui propose sa part, mais son frère refuse d'un geste de la main. Je bois d'abord mon verre d'eau, un silence rassurant s'est instauré entre nos murs. Sylvain se délecte de sa soupe, elle n'a pas le même goût que d'habitude, dit-il. Il se régale jusqu'au moment où il plisse les yeux face à un morceau suspect dans le fond de son bol. Il le touche, le regarde, le goûte. De la viande. Il sent aussi comme des petits poils sur sa langue. Il jette le récipient avec horreur. Il a compris, et moi aussi. Ces monstres ne nous en ont jamais donné le moindre morceau depuis que nous sommes ici. La voilà, leur vraie vengeance. Ils viennent de donner son chien à manger à Sylvain.

Mon ami se met à vomir tout ce qu'il peut et pour la deuxième fois aujourd'hui, je vois la haine remplir ses yeux. Je crois qu'un monstre est né ce soir, un monstre prêt à tout pour nourrir sa soif de représailles. Un torrent de colère, de vengeance insatiable, d'abominations, à l'encontre de ses bourreaux. La rage qui l'étreint inexorablement. Il veut faire payer les injustices, le malheur. Œil pour œil, dent pour dent. Venger les sévices, les cris. D'un regard, je comprends qu'il est décidé à écrire le point final de cette sombre histoire, même si, il le sait, du sang va couler des deux côtés.

CHAPITRE 37

L'infiltré pense avoir protégé sa couverture la dernière fois en simulant une chute. Il a rapidement mis le morceau de papier dans sa bouche. Le médecin l'a scruté d'un air supérieur et lui a donné un coup de pied dans les côtes en lui ordonnant de se relever. Il se dit que si Homes avait eu un doute sur lui, il serait déjà mort.

Mort, il ne l'est pas encore, mais il est seul. La rencontre avec son contact extérieur a bien eu lieu mais il n'y en aura plus d'autres. Il le sait. Le dernier message était clair. Ses supérieurs sont visiblement dans l'incapacité de le sortir de là. Ils lui ont intimé l'ordre de fuir. Avant de partir, il connaissait les risques. Il savait qu'il pouvait se retrouver seul face à la difficulté de la mission. Mais il ne s'attendait pas à ça… Fuir, il y a déjà pensé et il sait même comment il va s'y prendre. Tout est en place, parfaitement organisé dans sa tête.

Il comprend à quel point cette mission était une mission suicide. Il a voulu jouer les héros et a insisté pour convaincre son boss et son ami de le laisser partir. Son entêtement a fini par payer, mais à quel prix ?

Il ne peut plus communiquer avec l'extérieur mais il continue de noter tout ce qu'il voit, toutes les expériences dont il est témoin, mais aussi toutes les tortures des geôliers. Ces hommes payeront, il se le promet, même s'il doit se salir les mains une fois de plus.

Homes est de plus en plus nerveux depuis quelques jours, et son esprit devient de plus en plus tordu, si cela est encore possible.

L'infiltré a reçu l'ordre de fuir, mais il l'aurait fait même sans cela. Tout le monde y pense forcément ici. Pour s'enfuir, il va devoir organiser un réseau à l'intérieur du camp, rallier plusieurs compagnons à sa cause. Mettre en place une coalition. Il va lui falloir des armes qu'il devra imaginer car il est arrivé ici les mains vides, et son correspondant ne viendra plus. Il n'oubliera jamais son regard d'adieu. Il n'y a pas besoin de mots parfois, ils ne sont pas nécessaires, le silence est bien plus éloquent.

Il pense à ceux à qui il va s'attaquer avec ces armes. Il aimerait subtiliser les scalpels et bistouris de l'infirmerie. Ces outils seraient les lames rêvées pour trancher des gorges ou pour s'enfoncer dans les cœurs des monstres. Mais la maniaquerie légendaire de Homes mettrait vite le vol à jour et une fouille au corps de tout le monde serait organisée. Il ne peut pas prendre ce risque, il se débrouillera avec les moyens du bord. À l'ancienne. Lors de sa formation, il a appris à rester maître de toutes les situations, à survivre dans tous les environnements primaires, à analyser les dangers et à les contrer. Des années plus tôt, on lui a aussi montré comment manipuler, résister face à l'adversaire lors de missions en territoire ennemi.

Son premier test de terrain avait eu lieu en pleine jungle, il avait été balancé au milieu de nulle part, sans eau, ni nourriture. Il se souvient de son envie de vaincre le milieu hostile, de son opiniâtreté à trouver à boire, à se cacher des hommes qui étaient à sa poursuite, et de sa détermination à finir la mission. Il avait brillé, il pensait avoir tout vu, tout subi dans cette mission, mais ce n'était rien à côté de cette prison.

Il n'est pas à l'infirmerie ce matin, il est dans une espèce de grande salle où les morceaux d'épiderme dépecé sont étalés sur un large plan de travail. Ils ont tous été tannés. Là encore, Homes a scrupuleusement suivi toutes les étapes en s'assurant que son larbin y assiste. Le docteur de la mort a d'abord dû écharner les peaux, éliminer les chairs et les graisses restantes en étalant les découpes sur une grande bâche en plastique. Ensuite, pour éliminer les saletés et le sang et aussi pour les ramollir, il les a lavées à l'eau propre et au savon. Puis il a percé de minuscules trous afin de préparer l'assemblage des tatouages entre eux, et il les a attachés à un châssis pour l'étape du séchage. Les peaux ont été frottées et chaque centimètre carré a été recouvert de graisses animales, puis on les a roulées, placées dans un grand sac en plastique pendant vingt-quatre heures au froid. Ainsi assouplies, et une fois parfaitement sèches, elles ont été fumées de chaque côté, exposées au-dessus d'un feu.

Elles attendent maintenant d'être assemblées, et c'est à lui que Homes a confié cette mission. Il doit honorer la commande de la ministre. Elle veut un abat-jour pour décorer son luxueux appartement de la capitale ou son bureau au ministère, l'infiltré n'en sait rien. Ça n'a même pas d'importance, en vérité. Avec les chutes, Homes veut une reliure pour recouvrir le carnet où il retranscrit les macabres résultats de ses sataniques expériences.

Avec d'infinies précautions, l'infiltré prend l'aiguille à coudre et se prépare à assembler les lambeaux en prenant garde de ne pas se piquer le doigt car ceux-ci seraient définitivement fichus, tachés. Il réprime un haut-le-cœur, il revoit encore le bistouri s'enfoncer dans la couenne des victimes, pour les amputer des souvenirs gravés dans leur épiderme. Des frissons de répulsion parcourent son corps au moment où il doit les toucher, il pense avec beaucoup de peine aux pauvres victimes, il les supplie intérieurement de lui pardonner cette barbarie. Il assemble les multiples dessins pour n'en faire qu'un seul et il s'efforce de ne pas les abîmer, ce serait un drame aux yeux de Homes et de la ministre, qui considèrent ces peaux comme de véritables trophées, et il ne veut pas subir de nouveau leur vindicte.

Le plus grand mais aussi le plus beau des dessins est celui du papillon, celui qui semble sur le point de prendre son envol. Il le dispose au centre de son assemblage pour bien le mettre en valeur car il aime les couleurs qui le composent. Il a l'impression de tisser une toile, d'assembler un puzzle. Le plus macabre de tous… Indétrônable de cruauté. Il ajoute ensuite de nombreuses étoiles, des têtes de lions, des symboles qui semblent représenter des signes astrologiques. Il découvre aussi une tête de mort qu'il place tout en haut. Sa manière à lui de mettre Oumarov devant la réalité du sadisme de la situation, devant la responsabilité de ses actes. Il a gardé le tatouage avec l'horloge et la fleur pour Homes. Il le placera au milieu de son protège-carnet, pour lui montrer que le temps lui est compté. Il essaie d'y croire en tout cas, avec beaucoup de naïveté, certes. Mais la naïveté est la plus grande des échappatoires dans certaines conditions, tout comme l'espoir.

Les fragments sont cousus entre eux, il ne lui reste plus qu'à positionner l'assemblage autour de l'abat-jour qu'il a construit. Il vérifie le résultat final, passe ensuite à la commande de Homes et dépose le tout sur une table de la salle.

Homes entre à cet instant dans la pièce. Il est fasciné par les travaux de son apprenti, il touche l'abat-jour du bout des doigts, comme s'il avait peur de l'abîmer. « L'œuvre » semble l'envoûter, l'ensorceler. Il saisit ensuite le protège-carnet et sort son bloc de sa poche pour l'en recouvrir. Il l'examine un instant, le caresse avec presque de l'admiration pour le travail finement exécuté et le range dans la poche de sa blouse avant de quitter la pièce.

Pas même un merci pour les heures de labeur. De toute façon, l'infiltré n'en veut pas, de sa reconnaissance. Il s'imagine lui arracher le cœur et le broyer entre ses mains. Aucune rédemption n'est possible pour ce genre d'individus.

CHAPITRE 38

Voir Olaf être déchiqueté lui avait déchiré le cœur. C'est bien connu, les animaux de compagnie sont des bêtes à chagrin, on s'y attache bien vite, trop, peut-être. Ce chien était son moment de réconfort quotidien. Sylvain s'en veut terriblement de l'avoir pris dans ses bras. C'est lui qui a retardé Olaf dans sa fuite. Pour se réconforter un peu, il se dit que sa mort est vengée. Il repense à l'infini plaisir qu'il a ressenti en enfonçant le morceau de bois avec rage dans le corps du chien meurtrier. Entendre les hurlements de la bête résonner à travers la cour a été un plaisir extrême qu'il ne pensait même pas être capable de ressentir un jour. L'ultime récompense pour lui a été d'infliger de la peine au maître de cette bête. Les douleurs dans son dos et les grimaces de souffrances de Marius lui rappellent tous les jours le prix à payer pour une rébellion.

Mais la folie des barbares du camp a atteint son sommet. Il ne se remet pas du bouillon improvisé des palachs. En l'obligeant à manger son chien, ils ont dépassé les limites de l'horreur.

Depuis, Sylvain met encore plus de cœur dans son plan d'évasion. Il y pense chaque minute. Cet épisode a convaincu Said et Naourbi de le rejoindre dans son projet. Les deux frères se sont regardés et lui ont aussitôt garanti qu'ils sauraient où se cacher et qui contacter. Ils seraient des complices utiles, eux aussi sont convaincus qu'il faut quitter cet endroit le plus vite possible. Unis, ils seront plus puissants, et les jumeaux sont des forces de la nature. Il sent que Marius, bien qu'il lui ait assuré qu'il le suivrait, est réticent, sans doute parce qu'il espère retrouver Camille. Il est hanté par sa disparition. Marius préférerait sans doute savoir où est son amour, ne pas entendre cette petite voix qui lui dit : « Tant qu'il n'y a pas de corps… » Sylvain imagine toutes les questions qu'il se poserait à sa place : Camille souffre-t-il ? Est-il en vie ? À l'infirmerie ? Caché au fond d'une cellule ? Entre les mains de Homes ? Marius vit en fait l'absence de Camille comme une disparition. Et la disparition laisse pour les proches, pour ceux qui attendent des nouvelles, la chose la plus terrible qui soit : l'espoir. L'espoir de le retrouver en bonne santé, de se dire qu'il reviendra, que tant qu'il n'y a pas de corps, c'est qu'il est peut-être encore vivant, peut-être tout près. Décidément, ce fichu espoir est le pire des sentiments qu'il soit donné de vivre entre ces murs, il vous dévore le cœur et l'esprit à petit feu, vous arrache les ventricules au fur et à mesure et broie vos pensées pour ne les concentrer que sur un seul et unique but : votre attente, votre espérance.

Un nouveau bizutage se prépare. Sylvain le comprend très vite. Depuis qu'il est ici, il a appris à déchiffrer leurs regards, leurs comportements. Les palachs sont regroupés près du préau en pleine conspiration, en train d'élire leur future proie. Le plus grand d'entre eux s'avance en caressant sa barbe et en tirant sur sa cigarette. Il saisit un individu par le bras et doit le traîner car l'homme se jette au sol, tentant ainsi de repousser l'inéluctable. Il remue la tête en signe de dénégation, agite en tous sens ses maigres bras pour se détacher de la prise de son exécuteur et hurle à pleins poumons.

Le captif est contraint de rester allongé, face contre terre, par la botte du gardien qui écrase son visage. Un autre palach s'approche et lui baisse le pantalon avant d'écraser sa cigarette sur le fessier de la victime. Le bagnard au pyjama souillé de crasse et de sang s'égosille de douleur en se débattant. De là où il est, Sylvain voit les larmes de son compagnon d'infortune couler le long de ses joues, il imagine sa douleur et serre les poings de toutes ses forces pour ne pas hurler avec lui.

Marius est derrière lui, il pose la main dans son dos comme s'il avait besoin de secours. Naourbi saisit les doigts de Said et cherche son soutien fraternel qui le rassure. Les deux frères ne se lâchent pas, Said chuchote à son oreille et lui frotte le dos. À chaque réplique, Naourbi, privé de faculté à parler distinctement, lui répond par des signes de tête. Puis le silence s'installe… Ils semblent se comprendre juste en se fixant, avec un simple regard. Personne ne pourra leur enlever cette complicité. L'amour est leur plus grande arme, la plus sincère, la plus forte, la plus solide mais aussi la plus puissante des armes. Par amour, Sylvain et ses compagnons vont tout dégommer, ils vont affronter les hommes qui les ont privés de leur dignité. Aucun d'entre eux ne sera plus jamais le même en sortant d'ici, car ils vont sortir, il en est certain.

L'alarme signifiant la fin de la pause déjeuner résonne au moment où le dernier des soldats écrase son mégot fumant sur l'épiderme de l'individu à terre. Leur pantin s'est recroquevillé en position fœtale, il se relève, honteux, et remonte vite son pantalon pour cacher sa nudité avant de rejoindre les rangs.

Les quatre amis sont en poste à la grange, ils commencent leur labeur en nettoyant un coin du box, ils déplacent et chargent le crottin et toute la paille souillée dans une brouette à l'aide d'une fourche. À chaque coup, Sylvain s'imagine percer les corps et les cœurs des psychopathes qui les ont malmenés. Il continue son travail en ne pensant qu'à sa fuite. Il ouvre une botte de paille sèche et propre et l'étale sur toute la surface de la stalle. Il finit de nettoyer l'entrée de l'écurie en prenant soin de ne laisser aucune souillure, puis part décharger tout son charroi sur le tas de fumier à l'extérieur du hangar, sous l'œil d'un surveillant à peine attentif, posté à la porte. L'amas d'effluents est près des barbelés qu'ils devront franchir. Une fois le chargement vidé, il fait mine de glisser, de déraper et cache sous le foin les légumes qu'ils ont réussi à subtiliser aujourd'hui. Leur réserve commence à grossir, elle n'est pas énorme mais assez convenable pour apaiser leur faim quelque temps. Une fois de retour à l'intérieur de l'écurie, il poursuit son nettoyage, tout doit être désinfecté, récuré. Il mobilise toute son énergie malgré les lacérations qui brûlent son dos. À quinze minutes de la fin de la journée, comme d'habitude, les gardiens relâchent leur attention et les hommes en profitent pour souffler un peu.

L'alarme de dix-neuf heures retentit, tout le monde est éreinté, certains d'entre eux ne peuvent plus avancer tout seuls. Said souffre de plus en plus de sa blessure. Il se sert principalement de sa main valide mais son rythme est ralenti, ce qui n'a pas échappé aux palachs. Malgré cela, ils ne l'ont pas puni physiquement mais ont passé l'après-midi à lui hurler dessus. Le pauvre doit avoir les oreilles qui bourdonnent en plus d'avoir une main broyée.

Les conspirateurs sont dans leur cellule. Sylvain éprouve toujours un sentiment de manque à l'égard de son chien mais se console avec l'organisation de la fuite. Il regarde ses coéquipiers de galère, de travail et de torture.

Sylvain ne sait pas de quoi sera fait demain, cependant il sait que le temps leur est compté, que leur tour viendra peut-être dans deux, trois ou quatre jours… Alors, il se lance et annonce à ses amis que leur évasion aura lieu le lendemain. Tout est prêt, chacun connaît la place qu'il doit prendre. Au moment de s'endormir, il se tourne vers Marius :

— Marius, demain tout sera fini.

— Je ne peux m'empêcher de penser à Camille.

— Tu dois nous suivre. Ton combat, tu le mèneras à l'extérieur. Tu pourras tout dénoncer. Tu nous suis ? Tu ne nous lâches pas, hein ?

Marius regarde son ami et soupire avec résignation :

— Demain tout sera fini… Je vous suis.

Sylvain sourit de toutes les dents qui lui restent et s'endort aussitôt. Un réconfort qu'il n'avait pas connu depuis longtemps le berce étrangement. Marius, lui, sent les larmes couler et la culpabilité qui l'étreint un peu plus de jour en jour l'accompagne dans le sommeil.

CHAPITRE 39

Je n'ai quasiment pas fermé l'œil de la nuit. J'ai écouté la respiration de Sylvain. Elle m'a presque bercé. J'ai pensé à toutes les personnes qui me manquent et j'ai pleuré, en silence, ce qu'il me restait de larmes.

J'ai d'abord pensé à ma mère, qui a travaillé toute sa vie pour nous offrir le meilleur, pour nous garantir un avenir des plus confortables. Elle m'a toujours soutenu dans mes études, même lorsque j'ai abandonné le circuit classique pour me diriger vers l'école des Beaux-Arts du Mans. Elle aimait mon côté artiste, me demandait de lui faire des dessins ou de lui peindre des toiles pour décorer la maison. Elle se vantait auprès de ses amies, exprimait toute sa fierté pour ce qu'elle pensait être mon talent.

J'ai aussi pensé à mon frère, Emmanuel, de trois ans mon aîné, à toutes les bagarres de notre enfance. À toutes nos sorties où l'on a fait les quatre cents coups, où l'on a couvert les bêtises de l'autre face aux parents. À toutes nos confidences aussi, à nos secrets partagés et à l'indéfectible soutien qu'il m'a toujours témoigné. Quand je vois Said et Naourbi ensemble, mon cœur se serre immanquablement et mes souvenirs de complicité fraternelle avec Manu me reviennent en mémoire... Nos balades à vélo, nos cache-cache dans les bois et tous nos jeux d'enfants avant que Mario et sa Nintendo ne débarquent au grand désespoir de nos parents qui partaient en balade hebdomadaire seuls, main dans la main.

J'ai pensé une fois de plus à eux, imaginé leurs vies loin de moi, de nous. J'ai essayé de deviner ce qu'était leur quotidien sans nos appels, sans nos échanges, nos confidences et sans nos repas dominicaux. Je me suis alors demandé s'ils pensaient aussi fort à moi que moi à eux, si je leur manquais autant qu'ils me manquaient. Si leurs cœurs pleuraient de douleur, à en mourir. Si leurs esprits étaient aussi torturés que le mien. S'ils ressentaient le manque, abyssal, omniprésent, oppressant, et le chagrin incommensurable, douloureux et infini.

Que va devenir maman sans moi… Vivre sans papa a déjà été un calvaire pour elle. Mais survivre à son enfant, comment va-t-elle pouvoir surmonter ça ? Je me demande si elle me croit mort, si elle prie chaque soir pour que son fils cadet lui revienne. Manu, il a besoin d'extérioriser ses peines et ses colères. Il est toujours le premier à manifester sa solidarité aux victimes d'injustices. Je suis sûr qu'il remue ciel et terre pour me retrouver, qu'il organise des publications sur les réseaux sociaux en invitant la Toile à s'enflammer, à partager en masse, qu'il a contacté les chaînes de télévision pour alerter la France de notre disparition lors d'un voyage dont nous ne sommes pas revenus. Je ne serais même pas surpris qu'il ait sollicité mes collègues ou anciens camarades des Beaux-Arts pour leur demander de témoigner leur soutien par le biais de leurs créations, peintures, sculptures, qu'il exposerait dans notre ville. Il serait même capable de camper devant le palais de justice, les préfectures ou les postes de police, de menacer de commencer une grève de la faim pour que toutes les recherches soient engagées pour nous retrouver. Il a même peut-être écrit au président de la République.

J'espère pouvoir en parler avec lui un jour… L'entendre m'expliquer qu'il a tout essayé, qu'une solidarité de masse est née en France, que son statut Facebook a dépassé le million de partages, que les médias l'ont relayé au journal de 20 heures, que des pétitions ont été mises en ligne et qu'il a enfin obtenu un rendez-vous à l'Élysée.

Camille et moi avions prévu un périple à Moscou, sur la place Rouge. Cette place, bordée à l'ouest par le Kremlin et à l'est par Kitaï-gorod, possède en son centre la cathédrale Saint-Basile-le-Bienheureux, qui aurait dû nourrir nos plus beaux souvenirs. La beauté de l'architecture de la bâtisse de briques rouges ornée de neuf coupoles aux couleurs vives m'avait donné envie d'en faire le lieu de ma demande en mariage. J'avais imaginé me balader avec l'amour de ma vie en amoureux tout autour de la place, me mettre à genoux en lui offrant le bijou qui ornerait son annulaire, pour lui demander de s'unir à moi, à jamais. Je suis sûr que Camille m'aurait sauté au cou avant de pleurer comme une madeleine et de me dire oui, la gorge serrée et le cœur rempli d'amour. Nous aurions eu une belle vie, et des enfants, peut-être… J'avais de grands espoirs pour notre futur. Maintenant mon seul espoir est de retrouver ma moitié.

L'alarme du matin retentit encore une fois dans les couloirs, jusque dans notre cellule. Je vois mes compagnons, presque entassés, se lever et s'étirer avant que l'étroit hublot ne s'ouvre pour la distribution de notre café habituel. Nous le buvons en silence mais les yeux de Sylvain sont animés d'une excitation bien visible. Il ne peut retenir ce large sourire de victoire. Il est sûr de lui, de sa rébellion. Il respire déjà la liberté.

Au moment de sortir de la cellule, nous constatons tristement que de nouveaux arrivants sont parqués dans le couloir, ils sont encore en tenues de civils. L'un d'eux attire particulièrement mon attention. Il est si jeune… Seize ou dix-sept ans tout au plus. Il a le regard innocent, complètement perdu, hagard. J'ai envie de le serrer dans mes bras, de le rassurer. J'ai envie de lui mentir, de lui dire que tout va bien se passer, qu'il va juste devoir répondre à quelques questions et puis qu'il retrouvera ses parents et son existence tranquille.

Je dois à tout prix parler à Homes, lui seul sait où est Camille. Alors que tous les prisonniers sont alignés face au mur avec les mains dans le dos, je le vois qui se poste face à eux, prêt à les inspecter, avec en tête ce qu'il va pouvoir expérimenter sur eux. Je le vois, je le lis dans son regard. Sylvain et les jumeaux s'avancent vers la cour pour l'appel du matin et je me dis que c'est ma dernière chance de parler au médecin seul à seul, de lui révéler l'évasion qui se prépare, ma dernière chance de retrouver Camille. Je me laisse tomber violemment aux pieds du docteur de la mort, simulant un malaise. Le médecin m'ordonne de me relever en me secouant du pied et en m'insultant. Je jette un œil sur le côté pour vérifier que Sylvain est suffisamment loin et je chuchote à l'oreille du docteur :

— Je crois que j'ai votre information capitale, docteur…

— Tu es prêt à tout, pauvre vermine, dit-il dans une grimace de dégoût. Retourne au travail !

Je le fixe et je lâche les mots bloqués dans ma gorge avec une honte encore jamais ressentie jusqu'alors :

— Une évasion est prévue à la fin de la journée…

Le médecin se tourne vers moi. J'ai capté son attention, il me demande de lui répéter ce que je viens de lui révéler. L'exprimer une première fois m'a étouffé, a oppressé mon cœur et ma conscience, et pourtant je dois le dire à nouveau. Je veux éteindre l'alarme qui hurle dans ma tête, désamorcer la bombe qui s'apprête à tout détruire. Les sanglots bloquent ma gorge mais je prononce les mêmes mots :

— Une évasion est prévue à la fin de la journée…

Maintenant, il sourit et me demande de le suivre dans son bureau, cette pièce que j'aurais préféré ne jamais revoir. Il m'invite à entrer, mais pas à m'asseoir dans le profond siège qui est face à son bureau, puis il referme la porte derrière lui. Il s'installe en me dévisageant et en posant les deux index contre sa bouche dans un geste d'intense réflexion. Je suis désespérément honteux, j'aimerais me couler dans un trou de souris et revenir en arrière. Et puis je repense à ce qui m'a poussé à trahir mes frères de cœur. Camille, mon amour… J'ai dénoncé les miens pour pouvoir de nouveau me retrouver à ses côtés. Je ne supporte plus ce silence oppressant :

— Maintenant, dites-moi où est Camille. Je veux lui parler, je veux…

— Tu VEUX ? Qui es-tu pour « vouloir » quoi que ce soit, toi ? Avant que je te dise ce que je sais, tu vas devoir tout m'expliquer, et bien sûr, tout sera vérifié…

Je l'observe, je rêve silencieusement qu'il va me rendre ma raison de vivre.

— PARLE ! hurle-t-il en frappant du poing sur la table.

Je regarde mes chaussures et je capitule. Les larmes, une fois de plus, glissent sur mes joues et je lui raconte tout. Je lui donne les noms des personnes impliquées, lui explique que c'est Sylvain qui a tout orchestré. Je lui parle de la réserve de nourriture et de la façon dont nous devions procéder, des somnifères que nous devions donner aux chiens pour nous permettre de courir loin sans craindre d'être déchiquetés par leurs crocs acérés. Au fur et à mesure de mes révélations, les mâchoires de Homes se détendent dans un sourire diabolique. Une fois que je lui ai tout dit, je lui demande, désespéré, de me mener à Camille, de respecter son engagement. Ce à quoi il répond :

— Tu sauras où est « ta moitié », dit-il en mimant les guillemets de ses deux mains, lorsque je serai certain que tes révélations ne sont pas le fruit de ton imagination perverse pour me rouler. Les parasites de ton espèce sont prêts à tout pour obtenir ce qu'ils veulent. Tu vas sortir de ce bureau, retrouver tes abrutis de compagnons et tu te démerderas comme tu pourras mais tu vas te fondre dans ton rôle de fuyard...

Je vais devoir être un traître jusqu'au bout, laisser mon ami espérer, penser que nous allons sortir d'ici. Il me faudra l'affronter droit dans les yeux et lui assurer qu'il peut compter sur moi alors que dans l'ombre je suis Judas...

Papa, de là où tu es, pardonne-moi.

Maman, Manu, par pitié ne me jugez pas, n'ayez pas honte de moi, de mes actes.

Camille, mon amour, où que tu sois, même si tu penses que tout est perdu, je t'en supplie, tiens bon. Attends-moi. Je fais tout cela pour toi, pour moi, pour nous. Je t'aime.

CHAPITRE 40

Sylvain est inquiet. En quittant la cellule, il a vu Marius s'effondrer sur le béton. Il n'a pas pu intervenir, il sait que dans ces cas-là, il doit feindre l'ignorance et continuer sa route. Car s'il montre la moindre sympathie ou la moindre forme de solidarité, les palachs le lui feront payer. Il est au centre de la cour, écoute l'appel des matricules et échange des regards inquiets avec Said et Naourbi. Il ne peut pas, ne veut pas repousser leur évasion. Mais il veut encore moins partir sans son ami. Parfois, il se demande s'il pourra toujours se regarder devant un miroir vu le nombre de fois où il a lâchement assisté aux humiliations et aux exactions sans agir. L'appel est sur le point de se terminer. Il est de plus en plus court vu le nombre d'hommes morts durant les derniers jours. Sylvain comprend pourquoi de nombreux nouveaux sujets étaient amassés dans les couloirs… Il faut de la chair fraîche, neuve, pour Homes et ses folles études.

Marius rejoint les rangs discrètement, juste à temps pour répondre à son identification. Il regarde Sylvain, lui sourit et lève le pouce pour le rassurer, lui montrer que tout va bien. Une fois le recensement terminé, les fuyards, en pleins préparatifs, se rejoignent dans un coin car ils vont être séparés pour leur matinée de travail. Sylvain rassure son ami, il faut rester debout, ne rien montrer, ne pas baisser la garde mais ne pas se sentir trop fort non plus. Surtout, il faut tenir bon face aux humiliations et aux châtiments dont ils seront témoins. Demain, tout sera fini. Enfin. Il se tourne ensuite vers les deux frères et leur dit simplement que tout va bien se passer. Il pose sa main sur l'épaule de Naourbi, le rassure d'un regard puis lui dit simplement deux mots : *Be strong.* « Sois fort. » Il n'a pas trouvé de mots plus explicites, plus significatifs pour le mettre en confiance dans la situation à laquelle ils s'exposent.

Marius est incapable de soutenir le regard de son ami au moment où celui-ci se tourne vers lui, avec son sourire sincère et ses yeux pleins d'espoir et d'optimisme. S'il est stressé, Sylvain le cache très bien. Son assurance est si forte que Marius en est presque déstabilisé. Il rejoint les rangs et suit les automates qui le précèdent en direction de la grange. Au bout de quelques mètres, il s'autorise un coup d'œil en arrière vers la bâtisse. À la fenêtre du bureau de Homes, il devine sa silhouette, il le soupçonne même d'être en train de boire son café, de l'observer. Puis, il voit Sylvain qui se dirige vers le bâtiment principal. Marius fronce les sourcils et se demande bien pourquoi son ami ne va pas, comme à son habitude, vers les cuisines pour travailler à la préparation du déjeuner des palachs. Ce léger moment d'inattention lui vaut un coup de bâton dans les côtes par Kerim, qui exige que les rangs restent bien serrés.

L'heure de la pause déjeuner est venue assez vite et la matinée s'est déroulée sans trop d'incidents, mais Marius n'a pas cessé de s'interroger : où Sylvain allait-il en entrant dans le bâtiment ? Il n'a rien demandé aux jumeaux, il a encaissé le coup de matraque de Kerim et a accompli son travail sans broncher. Il veut être le plus discret possible, surtout aujourd'hui, alors qu'il vient de déclencher l'alerte dans les cerveaux des responsables du centre.

Marius rejoint Sylvain qui est déjà installé près du préau où les gardiens déjeunent. Des perles de sueur commencent à couler sur son front à l'idée de trahir son ami. Son anxiété n'échappe pas à Sylvain, qui lui demande s'il a rencontré un problème à la grange.

— Non, aucun souci. Tout va bien, je suis angoissé, c'est tout.

— Tout va bien se passer, Marius. Tu as confiance en moi ?

La confiance, Marius ne sait plus trop ce que c'est…

— Oui, bien sûr…

— Allez, Marius, je te jure que je sais ce que tu ressens… Je serai là, toujours. Même si je ne peux pas remplacer Camille.

Marius regarde son ami et se demande ce qu'il peut bien comprendre. S'il réussit à s'évader d'ici, Sylvain est quasiment sûr de retrouver sa femme et ses filles. Lui, s'il veut revoir Camille, il ne doit surtout pas quitter cet endroit. Et puis… personne, non, jamais personne ne pourra remplacer Camille. Un amour comme celui qui les unit est unique et magique. Il en existe peu d'aussi sincère, il en est certain.

— Sylvain, ce matin, en partant vers la ferme, je t'ai vu entrer dans le bâtiment. Pourquoi ?

Sylvain regarde autour de lui avant de mettre la main dans sa poche et d'en ressortir un mystérieux sachet transparent.

— J'ai été appelé par Homes pour qu'il étudie l'évolution de mes blessures au dos et… J'ai volé les somnifères pour les chiens, mon ami… Voilà une bonne chose de faite !

Marius lui répond d'un simple hochement de tête et se tourne vers les gardiens en train de déjeuner.

À la fin du repas, Sylvain veut, une dernière fois, se poser près de l'arbre où Olaf le rejoignait si souvent. Il est attaché à cet arbre au pied duquel il est passé par tant d'émotions et s'est tant de fois épanché. Il se demande comment il a pu se lier à quelque chose dans cet endroit, un syndrome de Stockholm en quelque sorte. Il s'assied et repose sa tête contre le tronc en admirant le ciel. De grosses gouttes de pluie commencent à tomber, et alors que la plupart des hommes courent pour se mettre à l'abri, Sylvain ouvre la bouche pour profiter de l'averse. Un grand sourire s'épanouit sur ses lèvres. Il se dit qu'il sera plus facile de survivre si des flaques d'eau se forment un peu partout dans les bois qui environnent le centre.

Au bout de quelques minutes, il voit ses collègues se mettre en place pour leur après-midi de labeur. Tous ceux qui travaillent à l'extérieur des bâtiments attendent devant le portail de l'entrée que les palachs les rejoignent pour les accompagner auprès des animaux. Sylvain remarque très vite qu'il y a deux fois moins de gardiens que les autres jours, et qu'il n'y a qu'un seul chien. Il en informe immédiatement Marius et lui dit que ces abrutis doivent être avec Homes pour attribuer des matricules aux petits nouveaux. C'est le cœur gai et avec une assurance presque démesurée qu'il s'avance vers la ferme.

Tous les box ont été nettoyés, les animaux étaient nerveux cet après-midi. Sylvain a évité de peu de recevoir le sabot d'un cheval dans la mâchoire. Il n'ose imaginer les conséquences qu'un tel accident aurait pu avoir. Le soleil est réapparu. Ça l'arrange, il peut ainsi estimer approximativement l'heure qu'il est. Il fait signe à Naourbi pour qu'il fasse diversion le temps qu'il donne les somnifères au chien. Il a peur de s'approcher… Naourbi fait volontairement tomber le tonneau d'eau et le liquide se répand. Les palachs, qui étaient confortablement installés sur des troncs et s'amusaient à hurler sur les détenus pour accélérer leur cadence de travail, se relèvent vivement et continuent de crier. Sylvain s'avance alors vers la gamelle du chien et se dépêche de mettre une dose de somnifère dans le morceau de viande du clébard qui mange sous leur nez à longueur de journée. Il s'empresse ensuite de ranger ceux prévus pour les autres.

Une fois cette première mission achevée, il se précipite pour aider ses collègues. Les vigiles sortent, comme à leur habitude, prennent leur précieuse bouteille de vodka et commencent à boire plus que de raison. Au troisième verre, Sylvain s'approche du chien qui dort à poings fermés et indique d'un geste à ses partenaires que le plan se déroule comme il l'a prévu. Naourbi saisit discrètement les bouteilles cachées sous le foin et s'avance à pas de loup. Said est déjà près de Sylvain. Marius suit la scène de loin.

Sylvain lui fait signe de s'avancer mais au moment où il s'apprête à sortir de la grange, Homes se dresse devant lui avec un regard de fou et un sourire inhumain. Le sang de Sylvain se glace et il conjure ses acolytes de s'enfuir au moment où le médecin le saisit par le bras. Homes le lui tord avec une telle force que Sylvain entend son os céder. Il est maintenant à genoux et une horrible grimace de douleur le défigure. Naourbi pousse Said vers l'extérieur de la grange et explose la bouteille de verre contre le mur du bâtiment avant de retourner ce qui est à présent une arme contre Kerim, qui voulait s'interposer, et la lui enfonce dans la gorge. Il continue de le taillader et le fumier se vide de son sang, les yeux pleins de stupeur. Said se retourne pour tirer son frère par le bras, mais Naourbi le repousse avec force et lui fait comprendre qu'il doit partir sans lui. Said est désespéré et refuse de l'abandonner en s'accrochant à sa jambe, Naourbi continue d'attaquer les autres palachs pour permettre à son frère de s'échapper tout en braillant des cris incompréhensibles à l'adresse de son frère. Said se résigne et court vers les barbelés.

Tous les ouvriers de la ferme ou presque ont eu le même réflexe que lui et se ruent sur les remparts grillagés du camp pour retrouver leur liberté. Les gardiens sortent alors leurs armes et tirent dans tous les sens sur le groupe. Naourbi repère des hommes tombés les uns sur les autres et cherche, affolé, Said parmi les corps. Il relâche son attention pendant quelques secondes, de précieuses secondes pendant lesquelles un des bourreaux profite pour coller son arme sur sa tempe. Naourbi tourne la tête vers son geôlier puis, à nouveau, vers les barbelés mais son dernier regard se focalise sur les corps allongés au sol qui sont en train de se vider de leur sang, juste avant que la balle de l'arme ne lui transperce le crâne.

Il n'en fallait pas moins à Sylvain pour perdre connaissance. Avant de tomber, il sait qu'il va payer cette rébellion de sa vie. Seul dans son coin, Marius craque sous le poids des remords. Naourbi vient de mourir sous ses yeux et il ne peut détacher son regard du trou formé sur le côté de sa tête par lequel le sang coule à flots. Il regarde ceux qu'il a trahis. Il pleure à gros sanglots. Homes hoche la tête comme pour lui signifier qu'il est fier de lui, qu'il a réalisé quelque chose de bien aujourd'hui. À ce moment précis, il n'ose même plus jeter un œil sur Sylvain, qui vit très certainement ses derniers instants.

CHAPITRE 41

Le silence a fini par gagner les murs de la grange. Homes a ordonné à ses subalternes de mettre Sylvain dans une des caves du sous-sol en attendant de savoir ce qu'il allait faire de lui. Les fuyards doivent recevoir une punition exemplaire, il se souvient parfaitement de l'émasculation des derniers prisonniers qui ont tenté de s'échapper… Il perçoit même encore, comme s'il y était, l'odeur de leur chair qui se consumait sous les flammes.

Il réfléchit à un châtiment qui exterminera cette vermine dans une longue et douloureuse agonie. Il déteste les traîtres. Et celui-ci est le plus vicieux qu'il lui ait été donné de connaître. Ce sujet était l'un des plus calmes et des plus discrets parmi tous les pensionnaires et il ne s'est donc pas méfié de lui. Il est surtout très en colère pour les jumeaux. Il ne pourra plus jamais travailler sur eux. Celui à qui il a coupé la langue est mort sous ses yeux, d'une balle en pleine tête, et à bout portant… Ce terroriste avait réussi à lacérer la gorge du chef de la sécurité du camp. Comme quoi, il devient vraiment urgent de trouver un remède à leur défaillance génétique.

Homes revoit le corps de ses futurs sujets d'expérimentation s'effondrer et le sang couler de sa plaie béante. Il n'a pas eu le temps de stopper le geste vengeur du gardien, mais il lui a fait payer son erreur en l'éliminant avec l'arme d'un autre gardien.

Le patient sain, lui, est sûrement mort, peut-être son corps gît-il sous les dizaines d'autres entassés près des barbelés qui entourent la ferme. Il est sûr d'au moins une chose, personne n'est sorti du camp, ils n'en ont pas eu le temps... La tentative d'évasion a été un échec, lui et ses sous-fifres sont victorieux, une fois de plus. Ça ne peut, ça ne doit, de toute façon, pas se passer autrement, ils doivent avoir le dernier mot sur ce mal. Ils le doivent pour les enfants de leur pays, pour honorer leur nation, pour la science, pour lui-même, lui, le médecin incompris de son père. Il aura sa reconnaissance, il l'espère.

Alors qu'il s'apprête à retourner dans son laboratoire pour poursuivre ses études, Homes jette un œil par la fenêtre de la pièce où il se trouve, et voit le portail s'ouvrir et la berline noire si reconnaissable s'engouffrer dans la cour. Oumarov a encore bien choisi son jour pour débarquer, pense-t-il. Il lui a téléphoné pour lui dire que sa commande était prête, que son abat-jour l'attendait, mais il ne pensait pas qu'elle viendrait sans prévenir. Il se précipite pour descendre l'accueillir.

La ministre sort de son véhicule et comprend en voyant les survivants alignés en file indienne au centre de la cour qu'un nouveau problème est survenu. Homes arrive presque en courant vers elle. Il lui tend la main pour la saluer mais elle ne prend pas la peine de lui répondre.

— Que se passe-t-il ici ? Pourquoi ces parasites ne sont-ils pas à leurs postes de travail ?

— Il y a eu une tentative d'évasion, madame la ministre, mais nous avons la situation bien en main. Tous les fuyards ont été arrêtés, et l'instigateur est en ce moment même dans nos sous-sols dans l'attente de son châtiment. Croyez-moi, la dernière punition dont vous avez été témoin n'était que les prémices de la douleur en comparaison de ce que j'ai prévu pour HS 0728.

Izaket Oumarov l'examine de la tête aux pieds et le fixe droit dans les yeux avant de lui répondre :

— Vous et votre chef de la sécurité n'êtes que deux incapables à qui une telle mission n'aurait JAMAIS dû être confiée. Je veux vous voir dans la salle de réunion dans moins de cinq minutes !

Homes n'ose pas relever la tête pour lui annoncer ce qui va suivre.

— Madame la ministre, je ne peux malheureusement pas répondre favorablement à votre requête. Kerim, notre chef de la sécurité, a été froidement assassiné lors de la tentative d'évasion. Le coupable a aussitôt été abattu d'une balle dans le crâne.

La ministre reste impassible sous le choc de cette révélation. Puis elle assène une violente gifle à Homes avant de lui demander à nouveau de se rendre dans la grande salle, et elle tourne les talons. Homes encaisse l'affront. Mais l'humiliation supplémentaire de se voir frapper par une femme devant tous les captifs lui est difficilement tolérable. Il serre les poings de rage et se dirige vers ses gaillards pour leur ordonner de surveiller tous les détenus. Il monte ensuite les marches aussi vite qu'il peut. Il rêve de démonter cette foutue peste et de lui faire payer son insolence. Quand il entre dans la pièce, Oumarov est installée devant son ordinateur et l'attend, les mains jointes devant elle.

— Je vous interdis de me frapper…

— Sinon QUOI ? Seriez-vous en train de me menacer, Homes ? Vous, minable scientifique de bas étage ? Depuis le temps que nous apportons des fonds pour vos recherches, vous n'avez pas été capable de trouver ce qui vous était demandé ! Alors asseyez-vous et fermez votre gueule ! Je n'ai qu'un seul coup de fil à passer pour vous faire virer de cet endroit et annuler votre naturalisation !

Les mâchoires de Homes se contractent et il prend une profonde inspiration avant de s'asseoir et de fixer sa supérieure.

— Bien, dit-elle d'un ton sarcastique, vous semblez très malléable, finalement. Je pense que nous allons continuer à nous entendre, ou tout du moins à nous comprendre…

Le médecin sent sa colère qui décuple mais il continue d'écouter la ministre.

— Je vois que vous êtes à court d'arguments pour votre défense. Pour tout vous dire, je me suis entretenue avec notre président. Il était dans une colère titanesque, vous pouvez l'imaginer, lorsqu'il a appris que des informations concernant les traques et les traitements infligés dans ce camp avaient circulé dans le pays, et malheureusement aussi beaucoup plus loin. Ces accusations sont prises très au sérieux par la déléguée russe aux Droits de l'homme, et une enquête a été ouverte.

Le médecin connaît déjà ces informations et ne trouve rien à répondre. Oumarov poursuit son monologue :

— Homes, vous souvenez-vous de l'épidémie de vache folle qui a sévi dans les années 1990 ?

— Oui, madame la ministre. À cette époque, l'épidémie a pris une grande ampleur médiatique lorsque les scientifiques se sont aperçus de la possibilité de la transmission de la maladie à l'être humain par le biais de la consommation de viande, répond Homes comme un élève studieux le ferait devant son professeur.

— Très bien. Et vous souvenez-vous de la décision qui avait été prise ?

— La mesure préventive adoptée quand un animal était susceptible d'être porteur de la maladie était l'abattage. Cette campagne a été très impressionnante au

Royaume-Uni. La France a eu une tactique moins catégorique et a préféré effectuer des diagnostics au cas par cas mais des abattages ont malgré tout été réalisés. Pourquoi ces questions ? Quel est le rapport ?

— Le rapport ! Vous ne comprenez rien ! Tous les parasites sur lesquels vous vous acharnez depuis déjà de longs mois doivent, eux aussi, être abattus comme les bêtes contagieuses qu'elles sont ! De plus en plus de jeunes gens rejoignent leurs rangs suite à leur propagande ! Notre président a ordonné leur extermination, et de ce fait l'annulation des subventions.

La nouvelle est un choc terrible pour Homes qui n'en croit pas ses oreilles. Il écoute Oumarov qui reprend :

— Le président accordera dans les prochains jours une interview à la presse internationale, et de nombreux journalistes voudront se rendre sur place, visiter cet établissement afin de constater par eux-mêmes ce qu'il en est. Ils chercheront à vérifier la justesse des accusations portées pour en informer le monde entier. Vous devez donc faire vite et être efficace… pour une fois. Il ne doit rester aucune trace de leur passage !

Le médecin sent la panique le terrasser.

— Mais… mais on ne peut pas abandonner maintenant ! Il nous suffirait juste de transférer tous les prisonniers dans des locaux plus discrets. Je viens de commencer une nouvelle étude et j'ai prévu des interrogatoires. Je suis certain que tout se passe dans la tête des terroristes. Je dois pouvoir analyser leurs cerveaux plus en profondeur, je vais effectuer des recherches plus poussées encore et contacter les plus grands neurologues du monde pour appuyer mes études.

— Vous avez eu suffisamment de temps et d'argent pour atteindre les objectifs que nous vous avions définis, vous allez…

— NON !! Non, je ne peux pas abandonner, pas maintenant. Je…

— Taisez-vous ! Je suis venue ici pour vous transmettre les ordres du président. Vous les contestez ?

— Non, madame la ministre…

— À la bonne heure ! Je vous disais bien que nous finirions par nous entendre. Cette entrevue est donc la dernière pour ce qui nous concerne, cher docteur. Travailler avec vous ne fut pas un privilège, mais bel et bien une catastrophe au vu des résultats. Mais je vous souhaite, malgré tout, une bonne continuation, comme le protocole l'exige, bien sûr… Car si ça ne tenait qu'à moi, vous finiriez comme ces parasites.

Homes la regarde et ne peut réprimer une grimace, mais, alors qu'il est sur le point de lui dire tout ce qu'il a sur le cœur, la ministre se souvient de son abat-jour :

— Il me semble vous avoir commandé un objet bien particulier, Homes… Puis-je l'avoir ?

Quand la ministre sort du bâtiment, un sourire satisfait illumine ses traits austères. Les détenus sont toujours alignés dans la cour, comme s'ils lui faisaient une haie d'honneur. Elle passe à côté d'eux en couvrant, comme à son habitude, son nez d'un mouchoir blanc immaculé. Elle est suivie de Homes qui tient l'abat-jour entre ses mains. Il aimerait enfoncer dans son dos la lame du couteau rétractable qui ne quitte jamais la poche de sa blouse. Elle, cette femme ignoble qui a osé le rabaisser publiquement.

La ministre se tourne vers lui pour récupérer sa précieuse commande, et Homes lui tend l'abat-jour. Elle le remercie pour ce somptueux cadeau qui décorera à la perfection son grand et luxueux appartement de la capitale. Avant de refermer la portière du véhicule, Oumarov lance un regard plein de menaces au médecin : il doit exécuter les ordres du président.

CHAPITRE 42

Je suis maintenant au centre de la cour avec les autres victimes de ces fous. Je ne peux retenir mes larmes. Je me sens terriblement seul, comme abandonné à mon sort. Plus un seul compagnon à qui je peux me confier et je ne peux m'en prendre qu'à moi-même. J'ai honte. J'ai trahi les miens. Si Naourbi est mort, j'en suis le premier responsable. J'ai sa mort sur la conscience et je vais devoir apprendre à vivre avec jusqu'à la fin de mes jours. Sylvain a été mis au cachot et je ne sais pas ce que Homes lui réserve.

Autour de nous, il y a tous les chiens et les palachs du camp, armés jusqu'aux dents. Je crois, dans l'état actuel des choses, qu'ils sont capables d'abattre le premier d'entre nous qui oserait sortir des rangs. Alors je reste bien en place et j'attends comme tout le monde le moment où Homes va sortir et parler.

La même femme que l'autre jour est là. Elle rejoint son véhicule, et quand elle passe devant nous, son visage n'exprime que révulsion. Elle est suivie de près par Homes, qui tient un objet entre ses mains. Je n'en crois pas mes yeux… C'est un électrochoc abominable. Une onde de douleur gèle mon cerveau et mon âme. Au centre de l'objet, je reconnais parfaitement le tatouage que j'avais mis des heures à dessiner pour Camille : un joli papillon avec un effet 3D qui donnait l'illusion qu'il était sur le point de s'envoler. Camille avait tout de suite voulu le tatouer sur son dos, au niveau de l'omoplate. Je me souviens de la séance de tatouage. Il tordait son visage et fronçait son petit nez, les lèvres crispées pour ne pas crier. Et, subitement, je repense à l'hallucination que j'ai eue quand Homes a testé la réaction de mon organisme au LSD. Camille que la souffrance meurtrissait. Il était donc bien là, près de moi !... Mes jambes ne me soutiennent plus et quand la portière de la berline se referme, je m'effondre.

Je suis à genoux à côté de Homes, je lève la tête pour le voir, je l'implore en silence. Il me jauge avec mépris, m'ordonne de me relever si je ne veux pas finir comme mon ami, puis il me tourne le dos et se dirige vers son bâtiment. Alors j'explose : où est Camille ? Les palachs pointent leurs armes sur moi. Homes s'arrête et me regarde. J'explique que j'ai reconnu le tatouage sur l'objet qu'il portait entre ses mains et que je veux qu'il honore sa parole, qu'il respecte son pacte. Homes rit, puis me crache au visage et me dit :

— Nous allons très vite en parler, j'ai prévu une entrevue... privée.

Je ne sais pas quel espoir fou me fait croire qu'il va respecter le pacte que nous avons passé. Va-t-il me dire où est Camille ? J'aimerais tant le retrouver. Nous partirons loin, je suis prêt à promettre de ne rien révéler de ce que j'ai vu ici. Et puis je repense à tout ce que Homes a fait et je me trouve bien naïf.

Homes repart vers le bâtiment et je me retrouve parmi la foule d'hommes que je ne connais pas. J'aimerais que Sylvain, Said et Naourbi soient là. Que Camille vienne à côté de moi et m'enlace. Je suis si triste. Mes nerfs lâchent, je m'effondre et je hurle ma colère, toujours agenouillé. Les autres prisonniers qui m'entourent me soutiennent sous les bras pour m'aider à me relever. L'un d'entre eux pose sa main sur ma bouche pour étouffer mes cris. Des gardiens m'attrapent et me poussent. Je dois obéir, je dois suivre Homes. Qu'est-ce que ce fou entend par « une entrevue privée » ? Que va-t-il me faire ? Tout bourdonne dans ma tête. Et si j'avais fait le mauvais choix ? Je monte les marches, une à une. À chaque pas, je prononce le prénom de Camille dans ma tête, comme un talisman.

CHAPITRE 43

Homes est face à moi. Il a pris le temps de changer de vêtements. Il s'est lavé les mains, elles sont propres, posées à plat sur son grand bureau. Il fixe un point par la fenêtre centrale de la pièce. Il paraît serein. Comme c'est étrange après ce qu'il vient de se passer. Le silence est oppressant. Il faut que je sache, je n'en peux plus. Je crie :

— Je vous ai tout dit, comme vous me l'aviez demandé ! Vous avez pu vous rendre compte que je n'avais rien inventé. À votre tour de respecter notre pacte ! Dites-moi où est Camille. Laissez-nous partir, personne ne saura rien de ce que nous avons vécu ici. On inventera quelque chose, qu'on a été séquestrés par des gens qui en voulaient à notre argent, ou n'importe quoi d'autre qui vous conviendra ! Nous dirons ce que vous voulez. Mais, je vous en supplie, laissez-nous partir ! Vous avez ma parole, une fois de plus. Je vous avais promis de tout vous dire, et je l'ai fait !

Le médecin m'observe et me répond :

— Non, tu ne m'as pas encore tout dit…

Il prend un stylo, mon dossier et son dictaphone. Il m'explique que je vais devoir répondre à une série de questions qu'il veut me poser et que je dois dire la vérité. Dans mon propre intérêt, me dit-il, je devrais répondre de façon spontanée et avec le maximum de précision. Sans même attendre de savoir si je suis d'accord, il entame son interrogatoire :

— Quand tu étais enfant, tu avais des amis filles ou des amis garçons ?

Question idiote mais je m'empresse de répondre, pour ne pas le fâcher.

— Les deux.

— À quoi aimais-tu jouer ?

— Autant aux petites voitures qu'à la poupée, si c'est ce que vous voulez savoir. J'ai toujours eu beaucoup d'imagination et tout était prétexte à jouer.

Homes prend des notes bien que son dictaphone fonctionne.

— Tu passais plus de temps avec ton père ou ta mère ? reprend-il.

— Avec ma mère. Mon père travaillait beaucoup et passait la plupart de son temps libre à jardiner. Je préférais me salir les mains en cuisine plutôt que dans la terre.

— Humm, intéressant. Tu aimais te déguiser ? En quoi ?

— Je me déguisais pour le carnaval, en héros de BD par exemple. Mais c'était seulement pour faire plaisir à ma mère car j'ai toujours détesté ça…

Ces questions n'ont aucun sens. Il cesse de mordiller le capuchon de son stylo et poursuit :

— Et t'est-il déjà arrivé de te déguiser en femme ?

— Non. C'est quoi vos questions, là ? Que cherchez-vous au juste ?

Il ne répond pas.

— Et un peu plus tard…, dit-il en faisant tournoyer son stylo autour de ses doigts comme pour balayer ma question d'un geste. Tes premières expériences amoureuses. Quel âge avais-tu ? Était-ce une fille ou un garçon ?

— Une fille. Élodie. J'avais trois ans, vous êtes contents ? Pourquoi toutes ces questions ?

— CONTENTE-TOI DE RÉPONDRE ! hurle-t-il. As-tu eu des expériences sexuelles avec des femmes ?

— J'ai essayé, oui.

— Qu'as-tu ressenti à ce moment-là ? Que penses-tu du corps de la femme ?

— Pas grand-chose d'agréable. Les femmes me rebutent vraiment, je ne ressens aucune attirance physique pour elles. Je n'aime pas leurs formes, je n'ai pas de désir.

Soudain, les traits de son visage se métamorphosent comme s'il venait de faire une découverte. Il me demande précipitamment :

— As-tu déjà eu des relations avec des animaux ? En as-tu ressenti le désir ?

— NON ! Non, bien sûr que non !

C'en est trop ! Je ne veux pas rester une seconde de plus ici ! Comment peut-il comparer mon amour à des rapports zoophiles ! Je bondis, je le regarde, les poings serrés. Il mériterait qu'on lui tranche les cordes vocales pour toutes les absurdités qu'il a pu dire. Mais Homes est vif, il se lève, fait le tour du bureau et me repousse brutalement sur mon siège avant de reprendre :

— Oh, ça va, cesse ta comédie. Ne fais pas l'offusqué, pas avec moi ! Tes pratiques sexuelles sont bestiales, tu aurais très bien pu les expérimenter sur des chiens ! Depuis quand es-tu attiré par… les hommes ? me demande-t-il en haussant le ton avec une grimace de dégoût.

Sylvain avait raison. C'en est trop.

— C'est donc vraiment pour ça que nous sommes là ? C'est parce que j'aime un homme ? Et les autres aussi ?

— RÉPONDS ! Tu sauras bien assez vite pourquoi tu es là. DEPUIS QUAND ES-TU ATTIRÉ PAR LES HOMMES ?!

Après tout, rien de bien secret à tout cela. Sa rage me fait hausser les épaules. Je lui réponds :

— Depuis toujours, je crois. Aussi loin que je me souvienne, j'ai toujours été plus sensible aux charmes des garçons.

— Intéressant, murmure-t-il comme pour lui-même.

Ma gorge se dessèche, je repense aux paroles de Sylvain. Je ne peux y croire malgré l'évidence. La peur de ne jamais revoir Camille et les pires pensées me saisissent. Je fixe Homes avec toute la haine dont je suis capable, et je recommence ma litanie. Où est Camille ? Quand pourrai-je le voir ? Homes le sait-il ? Il me fixe et me sourit.

— Fin du suspense, je vais te le dire. Après lecture de son dossier, j'ai appris que l'expérience du LSD lui a été fatale… Kaput ! Problème cardiaque, plus de pouls… Petite nature, « ta moitié »…

Lui sans moi. Moi sans lui ? Ce n'est pas possible. Un trente-huit tonnes me roule sur le cœur, écrase mes os un à un, arrache mes membres les uns après les autres et me coupe le souffle. J'ai l'impression que je vais mourir sur place, mourir de chagrin, d'une douleur bien plus forte que celles subies jusqu'ici. Je me sens dépouillé de ma raison de vivre. Mon être qui n'avait jamais aimé quelqu'un avec autant de passion va dorénavant se consumer à petit feu et perdre sa flamme. Pourquoi Camille ? Pourquoi pas moi ? Pourquoi pas nous, ensemble, jusque dans la mort ? Pourquoi, ça ? Je crie et sanglote. Homes semble surpris et me dit :

— Tu l'aimais donc vraiment ? Intéressant, captivant même…

Je faisais bien plus que l'aimer, fumier, bien plus !… Je l'adorais. Mais je n'ai pas la force de lui répondre, mon cerveau ne réagit plus. Il me semble que je vais seulement attendre la mort pour rejoindre Camille. Je suis un automate à la merci de ces monstres, un vendu qui a tout sacrifié. Et puis, j'ai trahi mes amis. Pour rien.

Je chancelle, je pleure.

Je m'effondre et je sens ma poitrine se serrer, se contracter, ma respiration se saccader, ma vision se brouiller… Je me laisse tomber, impuissant, et pousse un cri guttural, primitif : le cri de désespoir d'un homme, à qui l'on vient d'annihiler un pan de sa vie, un homme à qui l'on arrache le cœur à mains nues, sans anesthésie, la douleur est profonde et la peine à son paroxysme. Jamais, je n'aurais imaginé avoir aussi mal. Un séisme émotionnel qui se transforme en vagues destructrices, un tsunami me ravage de l'intérieur et détruit tout ce que j'avais construit avec tant d'amour.

Des gardes sont venus me chercher pour me ramener dans la cour. Je suis à nouveau parmi les prisonniers, nous sommes alignés en rang d'oignons. Plusieurs détenus ont été missionnés pour creuser un trou dans la terre de la cour. Je me demande bien pourquoi ils creusent ainsi, quel supplice est encore en train de s'organiser et surtout pour qui est-il ?…

Au fond de moi, tout au fond de mon cœur, je prie pour que ce soit le mien. Je lève les yeux vers le ciel et je continue de penser à ceux que j'aime plus que tout.

Papa, pardonne-moi. N'aie pas honte de moi.

Maman, tu vas devoir être forte.

Manu, prends soin d'elle et remue ciel et terre pour que ces horreurs explosent au grand jour.

Camille, ma moitié, mon amour… J'arrive. Je t'aime.

CHAPITRE 44

Sylvain a passé la nuit dans une cave du bâtiment. À côté de ce taudis, sa pitoyable cellule faisait presque office de palace. Le noir est presque complet. Dans le couloir, une ampoule qui menace de griller diffuse sa pauvre lumière jusqu'à lui par un interstice sous la porte. La pièce ne contient rien, pas même un seau pour soulager sa vessie. Le béton est glacial, sale, recouvert d'excréments. Cela ne semble pas déranger les souris, les cafards et les araignées qui vivent là. Le silence est total. Quand les palachs ont balancé Sylvain sans aucune délicatesse, sa tête a heurté le mur de pierre et il a senti du sang couler le long de sa blessure. La douleur dans son bras est lancinante et il doit maîtriser un haut-le-cœur à chaque mouvement. Il est recroquevillé dans un coin, celui où la luminosité est la plus forte, et il repense à son plan d'évasion raté. C'est sa faute à lui si ça n'a pas réussi, se dit-il. Il ne s'est pas assez méfié. Quand il a vu que les effectifs des gardiens étaient réduits, cela aurait dû l'alerter, au lieu de le rassurer. La vigilance, le maître mot des geôliers du camp…

Il sait qu'il est condamné, il se souvient de la punition des derniers fuyards. Il pense à sa femme et à ses filles de toutes ses forces, en espérant qu'elles ressentent son amour, où qu'elles soient. Il se sent abandonné à son sort, seul, comme jamais il ne l'a été. Et puis, comme malgré lui, il continue de cogiter comme un fou, il tente de comprendre pourquoi il a échoué. Le seul point positif de cette tentative d'évasion est la mort de Kerim, qui avait commis tant d'atrocités.

Pour rompre l'isolement, il commence à appeler tout doucement Marius, son ami doit forcément être quelque part dans ce sous-sol, lui aussi. Aucune réponse. Il hausse la voix. En quelques instants, il se surprend à crier. Est-ce de peur ? La peur de ne peut-être plus jamais pouvoir lui parler, l'entendre ? Il se lève, malgré la douleur dans son bras. De son membre valide, il frappe contre la porte massive en métal et hurle de plus en plus fort le prénom de Marius.

Après de longues minutes où seul l'écho de sa voix dans les couloirs du sous-sol lui répond, il se résigne à se taire. Il est à bout, il pleure. D'abord doucement, puis à gros sanglots, sans plus se retenir. Désespéré, il s'allonge de tout son long sur le sol crasseux, hoquetant. Il sent quelque chose lui piquer la paume de la main. C'est une vieille vis toute rouillée. Elle est là, telle une offrande. Il la prend entre ses doigts. Une idée le traverse. Il observe le mur sale. C'est là qu'il va graver ses dernières pensées. Il veut laisser une trace de son passage en ces lieux. Il serre aussi fort qu'il peut son stylo improvisé et commence à écrire son message. À chaque lettre sa vengeance prend forme.

Alors qu'il vient de terminer, il entend le claquement lourd d'une porte qui se referme, puis le martèlement des bottes contre le sol en béton. C'est ensuite le bruit des clefs qui tournent dans la serrure. La porte de la cellule s'ouvre brusquement devant lui. Il se traîne, se sachant perdu, essuie les nombreux excréments qui le recouvrent et voit des araignées tomber sur son visage. Leurs longues pattes velues se baladent sur son crâne lisse et se glissent sous sa chemise. Il entend les souris couiner et panique à l'idée qu'elles viennent lui renifler les orteils et le mordre. Trois palachs entrent dans la cave et saisissent Sylvain par l'épaule pour le traîner. Il hurle, tente une ultime riposte et reçoit en contrepartie quelques coups de matraque dans les côtes.

En remontant les étages, Sylvain se cogne contre le rebord des marches en béton. Une fois arrivé à destination, on le jette dehors et la lumière du jour l'éblouit.

Quand il parvient à ouvrir les yeux, Sylvain analyse la situation autour de lui. Il est debout, fermement maintenu par ses geôliers qui prennent un plaisir malsain à lui tordre les bras en arrière. Face à lui, se tient Homes, raide, le visage impassible. Tous les palachs sont alignés à côté de Holmes, et leurs chiens tenus en laisse grognent et montrent leurs crocs. Derrière le médecin, les détenus sont debout. Leur regard voudrait éviter la scène sur le point de se jouer devant eux. Ils ont l'air fatigués et désespérés. Sur la gauche du groupe des détenus, Sylvain aperçoit Marius. Son cœur s'emballe. Il aimerait s'avancer vers lui, le serrer dans ses bras et lui demander pardon d'avoir échoué.

Sylvain tourne un peu la tête et découvre au centre de la cour un énorme tas recouvert d'une bâche en plastique et un trou. Il comprend qu'il s'agit de sa tombe. Il sait bien qu'il ne pourra pas se battre à armes égales et qu'il sera assassiné comme un chien.

Homes adresse un signe à ses sbires. Le châtiment peut commencer. Sylvain est alors enfermé de force dans un sac de toile qui emprisonne ses jambes, puis poussé dans le trou. On l'enterre jusqu'à la taille. Il a les mains liées dans le dos et ne peut plus bouger. Il sait qu'il vit ses derniers instants et il veut profiter de ce qu'ils lui offrent…

Il lève la tête vers le ciel, il doit être environ midi. Il est l'attraction de la pause déjeuner des gardiens, il le sait. Le ciel est dégagé et un mince rayon de soleil vient le réchauffer, alors qu'un vent léger chatouille sa peau. Il se délecte de cette ultime sensation. Puis il cherche Marius du regard. Mais Marius se détourne de Sylvain, le fuit des yeux les joues ruisselantes de larmes. Jusqu'au bout de sa détention forcée, il aura vu des hommes tristes, des horreurs inimaginables, des grimaces de désespoir creuser leurs traits.

Homes soulève la bâche. Sylvain aperçoit un tas de pierres qui recouvre une partie du sol. Il ne lui en faut pas plus pour comprendre ce qui l'attend : la lapidation. Les pierres sont de la taille d'une mandarine, pas trop grosses, pour prolonger son supplice.

Homes choisit une pierre puis s'amuse à la jeter vers le ciel et à la rattraper. Les chiens tirent sur leurs laisses et aboient comme des enragés en direction de Sylvain. Homes leur ordonne le silence. Ils se couchent, soumis. Homes continue de jouer à faire rouler le projectile entre ses doigts, puis soudain se tourne vers Sylvain pour le lui jeter avec violence sur le crâne. La douleur traverse tout le corps de Sylvain. Son agonie sera sans doute longue et douloureuse.

Homes fait quelques pas en direction de Marius et le conduit devant son ami. Il ramasse une pierre et la dépose dans la main du détenu. Marius la lâche instantanément. Homes lui ordonne de la reprendre.

— Balance-la sur ce traître.

Aucune réaction. Au bout de quelques secondes, Homes n'y tient plus et frappe Marius. Sylvain sanglote et supplie Marius dans des sanglots étouffés, de faire tout ce qu'il peut pour réduire son martyre. Homes éclate de rire.

— Dis-moi, HS 0728… Tu ne te demandes pas comment tu t'es retrouvé là ?… Au fond de ce trou, pauvre minable… Tu as été vendu, espèce d'imbécile ! Tu n'as même pas su t'entourer des bonnes personnes…

Les yeux de Sylvain vont de Homes à son ami. Mais Marius, lui, ne le regarde pas, il se détourne et essuie ses larmes au fur et à mesure qu'elles inondent ses joues. Homes jubile.

— Oui !… C'est bien lui. Celui que tu considérais comme un ami ou un frère, je ne sais pas. C'est lui qui t'a dénoncé, il nous a tout dit. Il vous a trompés. Il voulait retrouver une personne très chère.

Puis il fixe Marius d'un air amusé.

— Dis-lui. Avoue à ton ami que tu l'as berné… Pour mon plus grand plaisir, d'ailleurs… Dire qu'à l'heure qu'il est, vous devriez tous être loin ! Comme c'est fâcheux…, poursuit-il.

Il pince les lèvres et remue la tête.

Sylvain n'en croit pas ses oreilles. Il scrute de nouveau Marius, tente de capter son attention en hurlant son prénom. Mais le silence de Marius est un aveu, un aveu terrible. Il secoue la tête, se débat pour sortir du trou et murmure :

— Tu nous as tous condamnés, Marius… tous conda…

Homes, d'un geste de la main, a ordonné la mise à mort et Sylvain ne terminera jamais sa phrase. Pendant trente minutes, des dizaines de pierres jetées par les gardiens s'écrasent contre le crâne de Sylvain. Au premier rang, Marius entend les os craquer, les hurlements, puis les râles étouffés. Il voit les plaies ouvertes et le sang.

Une fois que toutes les pierres ont été jetées, Homes, d'un claquement de doigts, envoie les chiens terminer le travail. Ils se jettent alors sur sa dépouille et se battent entre eux : leur festin commence.

CHAPITRE 45

Homes a transmis les ordres du président aux gardiens. Ils seront responsables de l'extermination. Il leur a donné carte blanche, mais a exigé de s'occuper personnellement de l'un d'entre eux : Marius. C'est lui qui l'a emmené ici, c'est donc à lui que revient le privilège de le tuer. Et puis, le médecin est content de l'entretien qu'il a eu avec Marius. Il sait qu'il devra suivre cette piste pour ses recherches. Ici ou ailleurs. Avec ou sans subventions, il continuera ses recherches. Quoi qu'il en coûte. Il est absolument impensable pour lui de s'arrêter si proche du but. Marius est conduit à l'infirmerie.

Les matons s'agitent. Ils divisent les détenus en groupes réduits. Les tortionnaires complotent dans leur coin, ils doivent honorer leur patrie, obéir aux ordres de leur cher président à qui ils vouent une admiration sans bornes et une confiance infinie. Ils sont tous fiers d'être ici.

Les détenus sont regroupés dans la cour, attachés les uns aux autres par des chaînes. Sous leurs pieds, un monticule d'explosifs qui menace de sauter au moindre mouvement. Ils sont tous immobiles, la panique se lit sur leurs visages et ils s'efforcent de ne pas bouger. Les palachs s'amusent de la scène et, lassés d'attendre la détonation, ils balancent des pierres sur le groupe. Les explosifs éclatent dans un bruit sourd et les corps des détenus s'éparpillent dans la cour. Des morceaux de bras et de jambes volent dans les airs. Une tête atterrit aux pieds des surveillants, qui s'autorisent quelques passes le temps d'un macabre et court match de football.

D'autres exécuteurs ont décidé que les condamnés seraient les cibles humaines de leurs lance-flammes. Ils les obligent à courir, pour leur offrir « une chance » de leur fausser compagnie. Les voir essayer de s'enfuir, grimper aux arbres et chercher toutes les échappatoires possibles les amuse. Avec leurs armes, ils les grillent sur place. Les torches vivantes se roulent désespérément au sol pour tenter d'éteindre les flammes qui les dévorent.

Certains détenus assistent à ce carnage et sont terrifiés. Ils tirent sur leurs chaînes, supplient de toutes leurs forces ces fous de les relâcher, ils promettent de ne rien répéter, de garder le silence. En vain.

Trois gardiens improvisent un gibet, puis obligent les prisonniers à se tenir debout sur une chaise, mains liées dans le dos. La corde est passée autour de leur cou. La chaise est repoussée d'un coup de pied. Le visage des victimes se gonfle, passe du rouge au violet, puis au bleu. Leurs yeux se révulsent, des cris étouffés puis de l'écume sortent de leurs bouches dans des torsions de douleur, toujours sous les rires des criminels. Pas de pitié pour les terroristes.

Une étrange mélopée se propage dans la cour : les hurlements de détresse des suppliciés répondent aux cris de joie des geôliers. Homes surveille le travail des gardiens, heureux de les découvrir plus imaginatifs les uns que les autres. Il est fier d'eux et filme la scène avec son téléphone. Ce sera un cadeau pour le président.

D'autres détenus sont abandonnés aux chiens. Toute cette scène est pour eux un amusement. Ils remuent la queue et leurs jappements provoquent la terreur. Ce sont des molosses dressés pour tuer et ils finissent par refermer leurs puissantes mâchoires sur la gorge des hommes. Ils déchiquettent leurs carotides.

Les quelques-uns qui ne sont pas encore tombés entre les mains des gardes tentent de s'échapper en escaladant les barbelés. Ils sont systématiquement abattus par les armes automatiques.

Des détenus pour l'instant épargnés entassent les morts à l'arrière d'un camion-benne. Puis les bourreaux les forcent à monter sur le tas de corps et les abattent d'une balle. Ils ferment la benne avant de conduire le funeste camion et roulent ensuite en direction d'un endroit reculé pour l'ultime étape : l'incinération qui finira de détruire les cadavres et donc, les preuves des supposées exactions dont ils pourraient être accusés.

Les sbires de Homes viennent d'être les acteurs principaux d'une tuerie unique dans l'histoire des traques. Chaque mise à mort était une attraction qu'ils rêvaient de mettre en œuvre depuis leur entrée dans le centre.

Une fois sortis du camp, ils seront la fierté du président, peut-être même décorés pour leur bravoure, et la nation tout entière leur sera reconnaissante. Ils seront l'honneur de leurs familles.

CHAPITRE 46

Le 9 mai, Tacho Zukhor, rédacteur en chef à *Gazeta*, a publié son article, paru dans l'édition du matin. Il dénonce la répression dont sont victimes des centaines d'hommes et de femmes à travers la Tchétchénie. Il a écrit avec ses tripes, avec toute la colère et l'indignation qu'il a pu ressentir. Le régime du président tchétchène a organisé une véritable chasse à l'homme et il va devoir en répondre devant le monde entier. Justement, le porte-parole du gouvernement a indiqué que leur représentant donnerait son interview à la presse internationale trois jours plus tard. Tacho espère que les journalistes se déplaceront en nombre et dénonceront les traques, les supplices, les exactions et les mises à mort.

Zukhor a aussi diffusé son article sur les réseaux sociaux et celui-ci a déjà été partagé plus de deux millions de fois. Une pétition est en ligne, elle a rassemblé plus de quatre cent cinquante mille signatures. Tacho sait qu'il ne changera pas les mentalités de son pays du jour au lendemain, mais il a envie de croire que, par son action, il aidera toutes les personnes persécutées et leur permettra d'obtenir un asile politique qui leur sauvera la vie.

Les premiers mails commencent à arriver. Ils proviennent de toutes les capitales européennes. De Berlin à Paris, de Madrid à Lisbonne et de Bruxelles à Londres, les journalistes étrangers l'informent que des défilés de soutien s'organisent en masse à travers leurs pays. Ils lui parlent de la vague de colère et de tristesse qui a bouleversé les citoyens de leurs nations respectives à la lecture de son article, certains ont même accusé les politiciens de ne pas agir de façon respectable. Les mots « génocide » et « extermination » ont résonné dans les bouches des personnes qui manifestaient à travers l'Europe. Ses collègues étrangers lui assurent que les politiques vont réagir de façon publique, que de vraies solutions vont être mises en place et qu'ils seront présents.

Tacho est un journaliste heureux, aujourd'hui, la liberté de la presse a gagné une bataille fondamentale. Quand il a commencé ses études de journalisme, il n'avait qu'un seul but : apporter la lumière sur toutes les vérités. C'est ce qu'il a réussi aujourd'hui, il a dévoilé au grand jour une barbarie qui était organisée par un pouvoir politique qui se sentait à l'abri de toute dénonciation et qui pensait pouvoir imposer ses opinions.

Il a hâte d'être à la conférence de presse, il se mettra au premier rang pour montrer au président qu'il a eu tort de penser qu'il pouvait agir, ordonner des traques et des mises à mort sans aucune répercussion.

* * *

Ferdinand attend lui aussi cette conférence avec impatience. L'article de presse a dépassé les frontières de tous les pays, grâce à l'aide des journalistes français qui sont dans la boucle depuis le début. Il est déjà sur tous les supports de réseaux sociaux. Les agences de presse de tous les pays auront vent de ces exactions et certains d'entre eux auront le courage de monter des reportages vidéo, de venir, ici, pour trouver des preuves et faire payer tous ces bourreaux. Après cette fameuse conférence, il va quitter la Tchétchénie où il s'était installé sous une couverture afin d'être au plus proche de la situation en cours. Il a attendu depuis pendant plusieurs jours que son ami le rejoigne. Il espère de tout cœur qu'il est loin du centre et qu'il va pouvoir rentrer, lui aussi, au pays au plus vite. Il se doute, au fond de lui, qu'il va retrouver un ami brisé qui n'acceptera sans doute plus jamais de reportages aussi fous, peut-être même plus de mission tout court. Il se rassure comme il le peut, il tente de se convaincre lui-même que son indic ne peut pas être mort, qu'il ne peut qu'avoir échappé aux griffes de ces monstres. Lors des missions passées dans les rangs de l'armée de terre, il était son meilleur élément, ce parcours d'ancien militaire lui a appris à affronter les situations les plus atroces.

Aujourd'hui, il est à la fois heureux et inquiet. Heureux, car la *Gazeta* a enfin publié son article et de ce fait, les sacrifices de l'infiltré ont porté leurs fruits et ont permis de triompher du gouvernement : il a réussi à dénoncer tous les actes odieux, les expériences sur des cobayes humains et les mises à mort.

Inquiet, car il ne sait pas où est son ami, qu'il n'a pas reçu de réponse à son message de fuite et qu'il n'est pas parvenu à convaincre ses alliés sur place à se rendre au camp. En attendant un appel de soutien des forces des armées, Ferdinand décide de rester en Tchétchénie aussi longtemps qu'il le peut. Quitte à risquer sa peau, il le doit à celui qui, il l'espère, est sur le point de s'enfuir.

CHAPITRE 47

Après l'exécution de Sylvain, il y a eu beaucoup d'animation autour de moi, mais tout se passait au ralenti. Les sons me venaient par échos et une saccade oculaire m'a pris au moment où des gardes m'ont soulevé.

Je suis de nouveau sur un des lits de l'infirmerie. J'ai entendu des hurlements, des déflagrations résonner longuement, des suppliques et même des rires venir de l'extérieur… De là où je suis, je peux voir à l'extérieur grâce à une étroite fenêtre présente dans un coin de la pièce. Et la seule chose que je distingue, c'est une épaisse fumée noire. Maintenant, seul le silence règne après le tumulte des dernières heures et une porte qui obstrue mon avenir s'ouvre sur Homes.

— Mes confrères et moi avons effectué tous les tests, avons poussé les limites de la science bien au-delà de ce que l'humain avait déjà tenté, pour éradiquer le mal que vous propagez à travers le monde, vous, les terroristes pédophiles de Satan. J'ai même mené cet interrogatoire sur toi afin de comprendre ta perversion psychologique. J'ai tout donné à ce pays pour trouver votre faille et tu sais quoi ? Cette pimbêche d'Oumarov m'annonce que tout est terminé !

Ses mots résonnent en moi « terroristes », « pédophiles ». Je commence à contester, à lui dire que l'homosexualité n'a aucun rapport ni avec le terrorisme, ni avec la pédophilie mais il m'intime l'ordre de la fermer en joignant le geste à la parole et je reçois un brusque coup dans les maxillaires, ou tout du moins, ce qu'il en reste après toute la violence subie dans le camp.

— J'ai adoré voir ton ami mourir sous les jets de pierres. Mais ne culpabilise pas trop de l'avoir dénoncé…

Je n'ose plus lui répondre. Les larmes continuent de couler sous la vivacité du coup qu'il vient de me donner.

— Vous pervertissez nos enfants, salissez l'humanité. Je vais reprendre les paroles de notre cher député pour t'expliquer les choses… « Quand une infection sévit, la grippe par exemple, elle s'empare d'un continent entier, et les pays qui ne veulent pas être contaminés par cette infection font des campagnes de vaccination… » Joli, non ? C'est pourquoi notre puissant pays a mis en place ces traques massives. Pour trouver un vaccin qui protégerait notre population de votre mal. Ton président, celui de ta chère République, a ouvert les portes de l'enfer en légalisant vos pratiques démoniaques. Je te laisse lire la peine réservée, là en bas de ton dossier… J'ai pris la peine de te traduire mes conclusions en français !

Je suis fatigué de me battre, je veux juste mourir, être délivré de toutes ces horreurs. Je survole les résultats des tests auxquels ces fous m'ont confronté.

Mon cœur s'emballe devant la conclusion… « Aucune anomalie détectée en comparaison à un sujet sain. Mal incurable. Peine de mort par injection létale pour orientation sexuelle anormale. »

Comment peuvent-ils nous traquer pour « ça ». Nous avons été brimés, bafoués, torturés, pour notre orientation sexuelle… Je n'ai pas de mot pour exprimer mon désarroi, le choc que je suis en train de vivre. Aucun mot pour comprendre leur folie et leur haine. Qu'ils me l'expliquent alors… Qu'ils me disent quel est le problème de notre amour. Il est semblable au leur. Nous ne les empêchons pas de vivre et de s'épanouir, pourquoi n'en font-ils pas autant ? Pourquoi est-ce que ce monde compte encore des individus qui n'acceptent pas notre différence au point de nous agresser ou de souhaiter notre mort ? Pourquoi ne pas admettre que l'on peut tous s'accepter avec respect, et tolérer les différences de chacun ? Je sens de l'agitation autour de moi, l'infirmière me noue des liens et me force à tendre le bras pour recevoir ma « sentence », elle pose des cathéters.

Le médecin me déclare que par « patriotisme » parce que je suis français tout comme lui par le passé, il m'autorise à formuler mes « dernières volontés » si je le souhaite bien sûr. Je ne le vois pas car mes yeux sont embués de larmes. Je repense à ce voyage. Mais je pense surtout à toi, mon amour. Je repense à tout ce que nous aimions faire… aller au cinéma, lire les thrillers de nos auteurs favoris assis sur la pelouse d'un parc en plein été et écouter à tue-tête les musiques qui construisaient tous nos souvenirs au fil des années passées ensemble.

Toi, tu adorais les SLAM, plus particulièrement ceux de Grand Corps Malade. La puissance de ses mots te touchait à chaque fois. Un jour, cet artiste talentueux a écrit un texte qu'il a dédié à sa femme. Nous l'avons tellement écouté, que je le connais par cœur, alors pour toi, j'emprunte ses quelques mots pour te les réciter, une dernière fois.

« Parce que avec toi le temps a pris de nouvelles dimensions,
Que ma routine s'est égarée dans ces changements de direction [...]
Parce qu'il paraît que l'homme s'habitue vite, s'habitue trop
Et que moi je sais que mes deux mains ne se lasseront jamais de ta peau [...]
Parce que le temps n'a pas d'emprise sur la couleur de tes yeux
Parce que le vent éteint une petite flamme mais attise un grand feu
Parce qu'on s'est tant rapprochés que nos souvenirs se ressemblent... »

Le médecin m'ordonne de me taire et injecte le premier produit. Il m'explique que ce dernier va juste m'anesthésier, que la deuxième intraveineuse va paralyser mes muscles et que la troisième et dernière provoquera un arrêt cardiaque. Il m'énumère toutes ces étapes avec un regard fanatique. Je sens le liquide s'infiltrer dans mes veines, comme si la propagation de chaque goutte envahissait mon corps, mon âme et meurtrissait mon cœur. Le souvenir qui reste impérissable dans ma mémoire est le tien, Camille, un visage angélique, céleste, un regard empli d'amour. Aujourd'hui, je meurs car je suis reconnu coupable d'aimer un homme aussi beau que toi. Tu faisais partie de cette catégorie de mecs très coquets, et qui prennent soin de leur corps. Mais tu étais un homme, mon homme, mon amour. Et puis tu es entré dans ma vie, tu as capturé mon cœur qui n'est plus capable de battre sans toi.

Avant de m'endormir définitivement, il me montre la fameuse photo où Camille et moi faisions ce que ces dégénérés appellent de la propagande. C'est une belle image que je peux visualiser et ancrer dans mon âme avant de m'éteindre à jamais, celle de Camille et moi en train de nous embrasser à l'aéroport.

Notre amour est aussi sincère que les autres, nous ne sommes coupables de rien, juste d'être heureux… La différence inquiète, apeure, terrorise. Ma différence, j'ai aimé la vivre à tes côtés et je n'y changerai rien, même pour tout l'or du monde, parce que ton amour et ta présence à mes côtés ont illuminé chaque seconde de notre existence commune. Personne ne m'a jamais compris comme toi tu me comprenais… Personne ne m'a jamais regardé comme toi tu me regardais. Personne n'a jamais emballé mon cœur aussi fort que toi lorsque je te regardais ou pensais simplement à toi. Je me sens partir et j'espère te retrouver vite. Notre différence nous a condamnés à mort. J'entends les derniers mots, fous, des mots que jamais je n'aurais cru entendre un jour :

— Tu comprends sans doute maintenant les initiales de ton matricule, non ? H pour homo, S pour sexuel… Tu es, en effet, coupable d'homosexualité, tu as pourri l'honneur de l'humanité. Aucun Dieu ne cautionne vos pratiques. Vous, « les pédés », vous semblez avoir oublié l'histoire racontée dans la Genèse… Celle de Sodome et Gomorrhe. Nous devons préserver nos familles et notre nation ou la population entière sera pervertie. Une famille, ce n'est pas un homme et un homme ; pas un homme et un chien…

Je n'écoute plus, je pars, dérive en imaginant me plonger dans tes yeux, mon Camille. Je plaide coupable puisque mon péché est de t'aimer comme n'importe quel être humain peut aimer.

Alors, une dernière fois, je parle à toutes les personnes qui ont partagé mon existence et fait battre mon cœur :

Papa, je sais que tu n'auras pas honte de moi. Je sais que tu seras là pour m'accueillir.

Maman, ne pleure pas, sois fière de moi.

Manu, fais tout péter, défonce tout, dénonce tout… Fais en sorte que plus jamais d'autres homos ne tombent sous la barbarie.

Camille, ma moitié, mon amour, fais-moi une grande place auprès de toi, j'arrive…

CHAPITRE 48

Toute la presse est réunie dans une salle d'un luxueux hôtel de Grozny. Des journalistes d'Europe, du Canada et de nombreux autres pays du monde se sont déplacés. Des quantités de caméras et d'appareils photo sont rechargées à bloc pour enregistrer l'interview du président tchétchène. Les envoyés spéciaux ont leurs micros et leurs dictaphones en main. Toutes les équipes de télévision règlent leur matériel de son et effectuent les dernières vérifications. Tacho Zukhor est au premier rang, fier d'avoir mis cet énergumène devant la responsabilité de devoir assumer ses actes et prêt à lui demander de rendre des comptes, tout comme les dizaines d'hommes et de femmes derrière lui. Il n'aurait pas imaginé une telle déferlante de réactions d'indignation et de rébellion à travers le monde entier en soutien aux homosexuels condamnés de Tchétchénie. Les candidats à l'élection présidentielle française ont tous, ou presque, choisi de se prononcer sur ces terribles traques et exécutions. La chancelière allemande a demandé au président russe de « peser de toute son influence afin que le respect des homosexuels en Tchétchénie soit de rigueur ». Le député et ancien maire de Londres s'est montré choqué face à « un gouvernement scandaleux de la Tchétchénie qui soutient plutôt que d'arrêter les mauvais traitements ».

Mais la nouvelle qui l'a ravi au plus haut point est que neuf Tchétchènes ont déjà pu obtenir un visa après leur demande d'asile politique. Neuf… Une goutte d'eau, c'est sûr. Cependant ils ont réussi quand même à en sauver neuf, mais pour combien de centaines de condamnés, dont, entre autres, un espion qui avait infiltré cet endroit de son propre chef et qui est toujours porté disparu. Le camp où tous ces êtres innocents étaient séquestrés et où ils ont sans aucun doute été exterminés a été nettoyé et les geôliers ont pris grand soin d'effacer toute trace de leur passage et de leur barbarie. Dans quelques jours, Tacho se rendra sur place avec l'homme qui avait envoyé son ami, un journaliste infiltré pour révéler au grand jour toutes ses horreurs.

Tous les journalistes tournent soudainement les yeux vers la porte à droite de la salle. De nombreux flashs s'abattent alors sur celui qui règne en maître absolu sur la Tchétchénie et qui défraie la chronique. Le président à la fois fascinant et terrifiant qui vit entouré de miliciens, de fauves et de voitures de luxe, est aujourd'hui très critiqué par la ligue des Droits de l'homme. Il est celui qui a organisé des traques et des exterminations dans son propre pays. Il semble content d'être là, pas la moindre trace d'inquiétude n'altère son visage, il se dit « être un gestionnaire et non plus le guerrier de son passé ». Il est même serein et très détendu. Il s'assied et bombe le torse dans une caricature de virilité exacerbée.

La déléguée russe aux Droits de l'homme, Oustina Andropov, est présente aussi et n'arrête pas de replacer ses cheveux derrière ses oreilles afin de masquer sa nervosité. Le chef de la République tchétchène prend la parole :

— Je vois que vous êtes venus nombreux... Ma méthode est simple pour diriger mon pays, ceux qui troublent la paix du peuple, il faut les traiter avec dureté et même avec cruauté.

Un lourd silence s'abat dans la salle. Le ton est donné et d'un geste de la main, il autorise les journalistes à poser leurs questions. Un nombre incalculable de mains se lève alors et l'homme de loi désigne l'une d'entre elles. Avant de poser sa question, le journaliste se présente comme le rédacteur en chef d'une chaîne de télévision canadienne :

— Monsieur le président, pouvez-vous nous parler du sort qui est réservé aux homosexuels de votre pays ?

Le président se tourne vers ses partenaires, rigole de façon insolente et montre de l'agacement avant de répondre :

— Mais qu'est-ce qu'il est venu faire ici, celui-là ? dit-il en désignant son interlocuteur. Cette question est un non-sens. Nous n'avons pas ce genre de personnes ici. Nous n'avons pas de gays et s'il y en a, emportez-les au Canada. Prenez-les loin d'ici pour que nous n'en ayons pas chez nous, pour purifier le sang de notre peuple.

Sa réponse, pour le moins consternante, a refroidi tous les journalistes. Les mains se lèvent alors comme des automates afin de poursuivre l'interview exceptionnelle qui fera dès le lendemain la une de leurs journaux.

— Qu'avez-vous à répondre aux graves accusations décrivant les tortures de jeunes homosexuels sur votre territoire ?

Le président révulsé par l'homosexualité répond spontanément dans une grimace de dégoût :

— Ils sont le démon. Ils sont à jeter, ce ne sont pas des hommes. Que Dieu les punisse pour ce dont ils nous accusent. Ils en répondront devant le « Tout-Puissant ».

Ils n'ont aucune preuve de ce qu'ils annoncent, toutes ces révélations ne sont que calomnies.

Il ne parle pas des familles à qui son gouvernement demande d'assassiner froidement leurs proches homosexuels afin de laver leur honneur. Il ne dit pas, non plus, que des citoyens ont bel et bien tué leurs enfants sous prétexte qu'ils n'aimaient pas une personne du bon sexe. Il ne s'exprime naturellement pas sur le nombre de victimes décédées des suites des expériences ou actes de torture. En répondant à toutes ces questions, il pense à la vidéo que Homes a déposée en évidence sur la table du salon de la ministre. Avant de prendre la fuite, et profitant de la complicité de quelques palachs, Homes a réussi à dévier le système de sécurité de la résidence d'Oumarov, s'est introduit chez elle et a froidement sectionné la langue de cette pimbêche et l'a égorgée. Ce médecin lui a rendu un immense service, son acte de vengeance aura permis à ses milices de commettre un assassinat de moins. Dans cette vidéo, le président a vu des terroristes assassinés dans d'innommables souffrances auxquelles il n'aurait peut-être pas lui-même pensé. Il est fier de ceux qui ont honoré et respecté ses idées dans ce camp, de ce qu'ils ont perpétré. Il est heureux que toutes ces vermines soient mortes, heureux qu'elles aient souffert et il est aussi soulagé d'apprendre qu'elles ne pourront plus pervertir les citoyens de sa petite République du Caucase.

Une journaliste française lui demande si l'assassinat de la ministre, Izaket Oumarov, a un quelconque rapport avec ces terribles révélations. Ce reporter veut savoir s'il compte mener une enquête sur son assassinat ainsi que sur les tortures organisées par les hommes de sa milice.

— Mme Oumarov a sans doute été assassinée à cause de son incompétence à diriger son ministère. J'ai eu bien tort de confier un rôle aussi important à une simple femelle.

En ce qui concerne les tortures dont vous parlez… Vous n'avez aucune preuve de ce que vous avancez. Toutes ces prétendues révélations n'ont pour but que de me nuire. Pourquoi faites-vous cela ?

— Nous avons reçu des photos, monsieur le président, et les identités des personnes décédées nous ont été communiquées. Il serait même question d'expériences sur des humains, poursuit la journaliste.

Le président ne peut retenir un éclat de rire.

— Vous voulez parler des pitoyables photos diffusées dans ce journal indépendant russe, dit-il en se tournant vers Tacho. Ces photos ne prouvent rien, elles ont très bien pu être prises de n'importe quel endroit. Rien ne démontre même avec certitude qu'elles aient été prises en Tchétchénie. Et les expériences auxquelles vous faites allusion sont ridicules. Vous n'avez même pas retrouvé la moindre trace du « médecin de la mort » comme vous l'avez surnommé. Arrêtez un peu, toutes vos accusations sont blasphématoires ! Un vrai Tchétchène au sang pur ne peut pas être gay. La mentalité chez nous est différente, les gays sont impurs et l'homosexualité est un grand tabou.

Tacho décide alors de lever la main et de révéler qu'un homme est sorti vivant du camp en question, qu'il a raconté avoir été le témoin que des hommes étaient traités comme des chiens entre ces murs, que les gardiens ont accusé les détenus de ne pas être normaux, qu'ils devaient crever : tout ça parce qu'ils étaient homosexuels. Que ce survivant aurait aimé se battre pour vivre en sécurité dans son pays mais au lieu de ça il va devoir, dans les prochains jours, se rendre dans une capitale européenne où sa demande d'asile a été acceptée.

— Vous, je n'ai rien à vous répondre ! La séance est terminée et j'espère que vous avez tous compris à quel point les activités de ces terroristes sont indésirables pour la société. Nous, les Tchétchènes, sommes attachés au mode familial de base, c'est-à-dire Papa et Maman. Rien de plus.

Les journalistes continuent de lever leurs mains, de poser une dernière question mais le président refuse leurs requêtes d'un geste dédaigneux avant de quitter la grande salle de l'hôtel suivi de près par ses gardes du corps.

Une fois qu'il a définitivement évacué le bâtiment, la déléguée russe aux Droits de l'homme se lève et invite un individu qui était dissimulé dans le fond de la pièce sous une étroite et discrète surveillance à s'approcher. Ce dernier avance, tête baissée, mais les larmes inondent ses joues. Avant de prendre la parole, il cherche du réconfort auprès de Ferdinand qui était installé, depuis le début, à ses côtés. Ils ont longuement discuté, et le vieil homme l'encourage à parler d'un signe de tête.

Le survivant aux épaules baissées prend alors place à l'endroit exact où se trouvait il y a encore quelques minutes à peine le responsable de l'extermination des martyrs. Il s'éclaircit la voix, prend une profonde inspiration avant de se lancer, de dénoncer, de venger tous ceux qui sont tombés avant lui dans ce centre :

— Je m'appelle Said et j'ai vécu dans ce camp, je suis resté des heures durant sous un tas de cadavres, cadavres de mes compagnons qui ont été mitraillés après une tentative d'évasion, avant de parvenir à escalader les barbelés de la ferme et à m'enfuir…

Said est au centre de l'attention de tous les journalistes du monde entier. Aucun d'entre eux ne pose de question, ils écoutent simplement son témoignage. Il leur parle des tortures. Il ouvre sa chemise pour leur montrer les chiffres du Diable scarifiés sur le côté gauche de sa poitrine. Il leur parle des expériences, des fuyards émasculés par des chiens, le jour de son arrivée au camp. Il parle de son frère jumeau qui a été tué d'une balle en pleine tête, comme un chien, alors que lui n'était pas homosexuel. Il leur explique la façon dont il lui a sauvé la vie en intervertissant leurs chemises, donc leurs matricules. Il parle de la fois où le docteur de la mort, un certain Homes, a voulu tester la résistance de ses os et a privé son jumeau d'une partie de sa langue. Il n'oublie rien, dénonce tout. Face à lui, les journalistes sont sidérés, certains d'entre eux ne peuvent retenir leur émotion face à l'atrocité de ces révélations.

Demain, Said se rendra sur ce lieu de souvenirs abominables pour appuyer son témoignage. Il sera accompagné de Tacho et de Ferdinand qui, lui aussi, a perdu une personne chère à son cœur. Said lui a dit comment il avait été froidement exécuté. Car il est resté des heures durant, perché en haut d'un arbre et il a vu comment tous ces cobayes sont morts, tous, les uns après les autres. Il a vu aussi le bâtiment des femmes partir en fumée. Une fois que les palachs ont pensé avoir tué tout le monde ils ont regroupé les corps, les ont entassés dans un énorme camion et se sont enfuis.

Il a vécu l'horreur, il a dénoncé l'injustice. Maintenant, il espère que ces crimes ne resteront pas impunis, alors il se lève et quitte la grande salle avant de rejoindre un endroit tenu secret, à l'abri de tous les dangers.

CHAPITRE 49

Said est de retour dans le camp. Tacho Zukhor, qui a lancé les accusations à l'encontre du gouvernement tchétchène et Ferdinand, l'homme aux cheveux blancs qui l'a protégé jusqu'ici, l'accompagnent, le soutiennent. Ils sont passés devant la ferme et ils sont même entrés à l'intérieur de la grange. Toutes les bêtes ont disparu et ce hangar est parfaitement nettoyé, bien trop pour un bâtiment inutilisé d'ailleurs, preuve supplémentaire des mensonges gouvernementaux, s'il en fallait une. Ils ont effacé les traces de sang avec soin. S'il ne l'avait pas vu de ses propres yeux, il ne devinerait jamais la tuerie qui a eu lieu lors de leur tentative d'évasion. Il se recueille pendant un long moment sur le lieu de l'assassinat de son frère. Il semble être en communion avec l'endroit, comme s'il cherchait à correspondre avec Naourbi une dernière fois. L'instant est très fort en émotion, il lui dit adieu et lui promet de venger sa mort.

En voyant les extérieurs, les visiteurs constatent que ce dernier était autosuffisant : on y cultivait du blé et des légumes, on y élevait des animaux. Said ne le savait pas, mais il existait même un abattoir pour transformer la viande animale en produits consommables.

Il est maintenant au centre de la cour, les sanitaires ont été ravagés par les flammes. Tacho prend une multitude de photos pour immortaliser chaque instant. Said leur désigne le centre des expériences et les incite à entrer. Il leur montre les cellules qui jouxtent le labo. Là encore, toute trace de vie humaine a disparu. Plus aucun matelas ne jonche le sol et les seaux destinés aux besoins élémentaires ont, eux aussi, été retirés.

L'infirmerie, elle, n'a pas bougé. Les étagères, tout le matériel médical et les lits sont toujours dans la pièce. Seules les sangles qui maintenaient les victimes allongées sont manquantes. Pendant que Tacho continue d'activer le bouton de son appareil photo, Ferdinand se penche sous les lits pour y trouver une éventuelle trace de sangle. Sous l'un d'eux, il découvre un mince trou dans lequel il y a des morceaux de papier et un stylo bleu. Il les reconnaît, ce sont ceux de son agent infiltré. Depuis sa mort il ne déculpabilise pas de l'avoir laissé intégrer cette prison.

Ils se dirigent maintenant vers le bureau de Homes, son grand meuble de marbre est toujours présent mais plus aucun dossier n'est posé dessus, son ordinateur a également disparu.

Une fois le bâtiment inspecté de fond en comble, les trois comparses s'attaquent aux caves du camp. Dans l'une d'entre elles, Ferdinand remarque tout de suite une gravure sur la pierre. Une inscription, un mot de quatre lettres, le nom de leur mission : OLAF.

Le sang de Ferdinand se glace, il comprend que son ami est passé ici. Il s'agenouille, c'est à son tour de se recueillir sur le dernier lieu où Sylvain a vécu des instants terribles. Toute l'opération défile sous ses yeux : du jour où ils lui ont donné la couverture d'un électricien qui part en déplacement en Russie, des rencontres virtuelles qui ont pu être mises en place grâce aux journalistes russes qui s'étaient occupés des échanges. S'il était interrogé, Sylvain devait laisser croire qu'il voulait simplement tenter de nouvelles expériences sexuelles qu'il appelait « ses conquêtes ». Ferdinand repense surtout à ce qui les a vraiment incités à faire cette mission tous les deux. Sylvain était le parrain de sa fille. Estelle avait été tabassée car elle se baladait main dans la main avec sa copine de l'époque, il le savait. C'est aussi par pur esprit de vengeance qu'ils étaient venus ici avec Sylvain. Pour honorer la mémoire de leur fille et filleule, pour qu'elle ne soit pas « morte pour rien », pour que plus jamais un homo qu'il soit homme ou femme ne soit agressé ou ne meure pour son orientation sexuelle.

Il repense à tous les messages qu'il a transmis. Il l'imagine les accrocher au collier du chien qui avait été dressé pour être son allié. L'animal était géolocalisé à l'aide d'une micropuce au cas où il se serait égaré, pour être sûr de ne pas perdre les informations. Il y avait toujours une pincette accrochée autour de son cou pour que Sylvain puisse énumérer les abominations à ses partenaires extérieurs. Ferdinand pose sa main sur la pierre et parle tout seul. Il dit à Sylvain que cette mission était un suicide, qu'il a été fou de venir ici de son propre chef alors qu'il ne parlait même pas la langue du pays. Il lui confie qu'il manque énormément à sa femme et à ses deux petites filles qui sont dorénavant orphelines de leur papa, à quel point il se sent coupable et que le fou, c'est lui, et qu'il n'aurait jamais dû le laisser partir.

Le nom de la mission, ils l'avaient choisi ensemble… OLAF pour Organisation de la lutte anti-fascisme. Sylvain n'était pas homosexuel, mais il ne comprenait pas, n'avait même aucune tolérance pour les individus qui rabaissaient ces derniers. C'est pour ça qu'il a absolument voulu y participer. Une de celles qu'il avait commencées avec tout l'espoir de ressortir vainqueur et fier de dénoncer des châtiments inimaginables, mais qui se terminaient dans les larmes, la souffrance et l'incompréhension. Ferdinand avait beau chercher, il se demandait encore comment leur évasion avait pu échouer.

Ferdinand, Tacho et Said sont maintenant au centre de la cour. Said montre à Ferdinand l'arbre où Sylvain aimait se recueillir après chaque appel. Ils sont tous les trois assis au pied du tronc. Ferdinand se surprend à remuer la terre car il sait que Sylvain l'aurait fait, lui aussi, à sa place. En creusant, il retrouve tous les petits morceaux de papier qu'il lui a envoyés. Seul son dernier message n'a pas encore été effacé par le temps.

FUIS.

Il pose aussitôt la tête contre l'écorce, comme Sylvain a dû le faire tant de fois, laisse alors une crise de sanglots l'agiter et il hurle sa peine à pleins poumons. Puis il chuchote dans un monologue désespéré :

— L'homosexualité n'est pas une maladie, n'est pas une défaillance génétique et encore moins une maladie mentale. L'homosexualité, c'est l'amour d'un homme pour un homme, d'une femme pour une femme.

Il pense à nouveau à son complice, mort pour dénoncer la folie d'hommes aux idées arriérées, des hommes qui ont été endoctrinés dès leur plus jeune âge dans des idéaux de dégénérés. S'il n'était pas aussi triste et en colère, il aurait presque pitié d'eux...

NOTE DE L'AUTEURE

Il y a plusieurs années, je suis tombée tout à fait par hasard sur un article qui avait été partagé en masse sur les réseaux sociaux. Il dénonçait les traques organisées par le gouvernement tchétchène à l'encontre des homosexuels de leur pays. L'article précisait que les victimes de ces enlèvements étaient torturées et que le gouvernement tchétchène demandait très clairement aux familles de tuer les homosexuels en leur sein afin de sauver leur honneur.

Plusieurs mois après cette découverte, je me suis surprise de multiples fois à repenser à tous ces hommes et femmes. Alors je me suis dit que je devais écrire ma colère et mon indignation face à ces atrocités. Écrire un livre en m'inspirant de ces hommes et de ces femmes qui vivent l'horreur. Certains passages sont issus de mon imagination, tout n'est pas issu (heureusement !) de la réalité.

J'ai effectué beaucoup de recherches, j'ai vu et lu leurs témoignages… Entre autres, l'un d'entre eux qui parlait des pinces reliées à un boîtier électrique afin de les obliger à dénoncer leurs connaissances homosexuelles.

Dans un reportage mené par des journalistes français qui cherchaient à comprendre ce qui se passait réellement en Tchétchénie pour les homosexuels, j'ai entendu un discours qui m'a profondément choquée. Les homosexuels étaient ouvertement comparés à des terroristes. L'homme disait qu'ils étaient bien plus dangereux encore que les terroristes car lui et son gouvernement ne pouvaient rien faire pour les arrêter.

Dans le chapitre de Kerim, j'ai repris un extrait du témoignage d'un jeune étudiant russe qui, dans le reportage, a lu un court passage de son cours d'éducation civique : « Toutes les formes principales de comportements déviants sont l'alcoolisme, la toxicomanie, la criminalité et… ça. » « Ça » correspond à l'homosexualité. Dans ce pays, certaines personnes n'osent même pas prononcer ce mot tant il les rebute. Au moment où j'ai entrepris mes recherches, les seuls homosexuels qui pouvaient témoigner étaient ceux qui avaient réussi à échapper aux traques, aux safaris ou ceux qui avaient réussi à échapper à leur famille. Ils témoignaient tous à visages cachés – alors qu'ils faisaient partie de ceux qui avaient reçu un asile politique – de peur d'être retrouvés. La peur transpirait dans leur témoignage. Ils disaient tous que s'ils rentraient chez eux, leur gouvernement n'aurait même pas besoin de les tuer car leur famille s'en chargerait sans aucun scrupule. Pour toutes les expériences médicales je me suis inspirée de la folie des médecins nazis. Au hasard de mes recherches je suis tombée sur un article qui parlait de Witold Pilecki, un résistant polonais qui est connu comme la seule personne internée de son propre gré dans le camp d'extermination nazi d'Auschwitz afin de dénoncer ce qu'il s'y passait. J'ai trouvé son acte héroïque et j'ai été surprise de ne jamais avoir entendu parler de lui. Il m'a donc inspiré le personnage de Sylvain même si Witold Pilecki, lui, a réussi à s'échapper et à dénoncer toutes les barbaries endurées.

REMERCIEMENTS

Cette histoire ne serait pas ce qu'elle est sans de nombreuses personnes qui m'ont encouragée et soutenue dès le début, et même bien avant que cette aventure ne commence pour moi.

Tout d'abord, merci maman, merci d'être toi tout simplement, merci de m'avoir encouragée à lire tous les livres qui me tombaient sous la main quand j'étais enfant. Merci de m'avoir emmenée à la bibliothèque ou au bibliobus, j'en garde de très bons souvenirs. Merci d'avoir cru en ce projet et de m'avoir soutenue.

Papa, j'ai terminé d'écrire cette histoire le jour où tu aurais dû fêter tes 60 ans… Il n'y a pas de hasard… Merci.

Papi, je suis sûre que tu aurais été fier de moi. J'ai beaucoup pensé à toi en écrivant ce livre et je me suis souvenue des leçons que tu m'apprenais avec autant de plaisir que de patience pendant mon enfance.

Jérôme, mon cœur, merci de m'avoir lue sans que je ne te mette la pression (ou presque…), merci de m'avoir soutenue et encouragée toutes les fois où je n'y croyais plus, où je me disais que je n'y arriverais jamais. Merci d'avoir supporté mes sautes d'humeur dans cette folle aventure (et pardon, il paraît que ce sont toujours ceux qu'on aime le plus qui paient les pots cassés en premier). Merci pour tout le reste (la numérotation des chiffres était un travail périlleux !), merci d'être toi et de m'apporter force et soutien au quotidien.

Odélia et Annaé, mes deux princesses. Cette aventure n'a pas toujours été simple pour vous, et vous lirez ces quelques lignes (je l'espère) dans quelques années, mais merci de m'avoir laissé du temps pour écrire ou corriger quand vous vouliez jouer aux cartes ou à la magie.

Angéline (ma chouchou !!!), tu as été là du moment où l'idée a germé dans ma petite tête de blonde, du premier mot inscrit sur la page blanche, jusqu'au jour où j'ai imprimé mon manuscrit. Je me souviens de nos esprits plus que tordus sur les chapitres de Homes, que j'écrivais en direct avec toi ! Tu as été (et tu es toujours) un soutien indéfectible. Tes encouragements et ton enthousiasme ont été une véritable force. Tu m'as encouragée à ne pas laisser cette histoire dans la mémoire de mon ordinateur et tu y as sans doute même cru plus que moi quand j'ai enfin osé envoyer mon histoire. Ton amitié est et restera une de mes plus grandes forces. Merci d'être toi. Merci d'être là quand il le faut. J'espère que je suis à la hauteur…

Merci aussi à Alex, mon grand frère de cœur, pour tes encouragements et tes gentils mots (j'aurais réussi à te faire lire un livre, je peux mourir tranquille… le plus tard possible quand même !).

Merci à ma première team de relecteurs, je n'en aurais pas espéré une meilleure :

Delphine Doucy-Rondeaux, merci pour tes corrections, tu m'as ramenée sur les bancs de l'école le temps d'un manuscrit et j'ai adoré faire du « oui-oui » avec toi ! Merci aussi à Jean-Marie pour ses suggestions quand nos têtes étaient trop pleines.

Corine Perillat, merci à toi de m'avoir lue, d'avoir relevé des fautes oubliées, pour tes conseils toujours judicieux, pour tous tes gentils mots, ta franchise et tes encouragements.

Céline Troadec, tu as été une des premières à me lire et tu y as cru dès le début. Merci pour ton soutien, tes encouragements et d'avoir balayé mes doutes.

Gilles Tisseraud, en plus d'être un instituteur passionné et passionnant pour tes élèves, tu as été un lecteur conquis et tu m'as redonné confiance en mon travail au travers de ton enthousiasme et de tes encouragements. On ne se connaissait pas encore, j'avais besoin d'un avis objectif, sans filtre tu as répondu présent, alors merci pour tout ! (Je crois que je gère à peu près l'accord des participes passés avec l'auxiliaire avoir, maintenant… ou pas !)

Au docteur Éric Manoury, merci d'avoir pris de votre précieux temps pour répondre à mes questions (parfois tordues, je l'admets), d'avoir lu mon manuscrit et d'avoir relevé mes petites coquilles.

Xavier-Marie Bonnot, tu es un auteur que j'admire beaucoup. Merci de m'avoir offert le privilège de me lire et de m'avoir guidée. Merci pour cette si belle phrase que tu as écrite et que j'ai choisi de mettre en exergue de ce livre. Et surtout merci de m'avoir encouragée (je sais que tu sais à quel point j'ai pu douter).

Sandra Martineau, merci pour ton soutien, pour ton aide sur ce chapitre 19 où je voulais tout passer par la fenêtre, merci pour ton amitié et pour tout le reste. Tu es une très belle personne, ne change pas !

François-Xavier Dillard, à force de lire (et relire) tes textes, j'ai eu envie d'écrire, moi aussi ! Merci pour ton soutien, tes conseils et ton enthousiasme au fil de cette folle histoire livresque !

Merci à Noune, je vais être simple, merci d'être là et d'être la personne que tu es, tout simplement… (je sais que tu comprendras).

Tonton Michel, Laure, merci de m'avoir lue et de m'avoir dit que c'était « vraiment super », vous n'imaginez pas comme vos mots m'ont fait du bien, le jour où je les ais lus !

Merci à tous les membres de mon groupe Facebook « Le club des mordus de lecture » pour tous vos gentils mots d'encouragement quand vous avez appris que le mot « fin » était écrit. Sur le moment, je vous promets qu'ils étaient précieux !

Merci à tous les auteurs de thrillers/polar/romans noirs, et à tous les auteurs d'une manière générale : à force de vous lire et de vous parler, j'ai voulu écrire !

Merci à vous, lecteur, d'avoir lu mon histoire. J'espère qu'elle vous a plu, que vous avez ressenti ce que j'ai essayé de transmettre dans mon histoire.

Il paraît que l'on garde toujours le meilleur pour la fin alors merci à Belfond, à tous les auteurs qui ont eu la gentillesse de me souhaiter la bienvenue dans cette formidable maison. Merci Léa de m'avoir lue, merci pour tes remarques sur mon texte et pour ta gentillesse. Un immense merci à Céline Thoulouze plus particulièrement. Merci pour ton enthousiasme et ta confiance. Merci de me donner ma chance et de sortir mon bébé ! Merci pour tous tes conseils, ta gentillesse et tes suggestions. Merci également à Pauline Ferney. Merci pour tes remarques pertinentes, pour ta patience, ta gentillesse et ta disponibilité. Je n'oublie pas l'énorme travail des correctrices, alors un immense merci à elles.

Et encore une fois, à vous tous, de m'avoir lue : merci, merci, merci !

Éditions Belfond
12, avenue d'Italie
75013 Paris

Canada : Interforum Canada, Inc.
1055, bd René-Lévesque-Est
Bureau 1100
Montréal, Québec, H2L 4S5

ISBN : 978-2-7144-8213-6
Dépôt légal : juin 2019

Composition et mise en pages
Nord Compo à Villeneuve-d'Ascq

Imprimé en France par CPI

N° d'impression : 2045395
B08213/01